顶尖导购
从讲故事开始

陈待忠　陈咏雪　著

广东旅游出版社
GUANGDONG TRAVEL & TOURISM PRESS
悦读书·悦旅行·悦享人生

中国·广州

图书在版编目（CIP）数据

顶尖导购从讲故事开始/陈待忠，陈咏雪著．——广州：
广东旅游出版社，2019.3
　ISBN 978-7-5570-1679-1

　Ⅰ.①顶… Ⅱ.①陈… ②陈… Ⅲ.①销售学 Ⅳ.
①F713.3

中国版本图书馆CIP数据核字（2018）第302666号

顶尖导购从讲故事开始
Dingjian Daogou Cong Jianggushi Kaishi

广东旅游出版社出版发行
（广州市环市东路338号银政大厦西楼12楼　邮编：510180）
印刷：廊坊市颖新包装装潢有限公司
（地址：廊坊市安次区码头镇甄庄村）
广东旅游出版社图书网
www.tourpress.cn
邮购地址：广州市环市东路338号银政大厦西楼12楼
联系电话：020-87347732　邮编：510180
787毫米×1092毫米　16开　12.5印张　160千字
2019年3月第1版第1次印刷
定价：45.00元

[版权所有　侵权必究]

本书如有错页倒装等质量问题，请直接与印刷厂联系换书。

目录

第一章 卖产品不如卖故事

一、顶尖导购从讲故事开始 / 3

　　丈母娘是这样选洗脚盆的 / 3

　　顶尖导购从讲故事开始 / 5

二、鲜活的故事胜过生硬的教条 / 7

三、推产品推不动，推故事就"显灵" / 10

　　推故事是在营造一份感觉，也是在建立品牌文化 / 10

　　故事是珍藏的美好回味，也打造了品牌的忠诚度 / 11

　　一句话的故事也能打动人心 / 12

四、什么样的故事才是促进销售的好故事 / 14

　　讲顾客最感兴趣的故事 / 14

　　在最恰当的时机讲故事 / 15

　　真诚地讲真实的故事 / 15

　　导购的表达能力要强 / 16

　　好故事能让顾客改变 / 16

五、测试你讲故事的水平 / 17

第二章 做有故事的人，还要做能演绎故事的人

一、导购从哪里收集故事 / 21

第一招：擅用倾听 / 21

第二招：终端分享会 / 21

第三招：学会阅读 / 21

第四招：关注见闻与时事 / 22

第五招：刻意收集 / 23

二、什么样的故事让顾客觉得生动又有趣 / 24

第一招：灵活运用身体语言 / 24

第二招：利用语音语调的魅力 / 26

第三招：邀请顾客参与互动 / 27

三、讲故事常见的四种表达结构 / 28

时间顺序 / 28

空间顺序 / 28

主题顺序 / 29

因果顺序 / 29

四、你懂得倾听顾客吗 / 30

会倾听的导购才能赢得顾客 / 30

通过巧妙询问引导顾客讲出自己的故事 / 31

问什么样的问题能挖掘顾客的故事 / 33

导购询问后的倾听状态 / 34

五、切莫陷入故事的误区 / 35

不讲有"色"的故事 / 35

少谈"政治"故事 / 35

不去深挖顾客不愿意说的故事 / 35

不说竞争对手的坏话 / 36

不讲深奥难懂的故事 / 36

第三章　讲故事的十三个重要场景

一、单店业绩提升要素分析 / 39

二、用"瞬间"小故事吸引顾客进店 / 44

抓住顾客好奇心的故事 / 45

抓住顾客爱占便宜心理的故事 / 46

提升品牌与顾客档次的故事 / 47

突出品牌文化的故事 / 48

能帮顾客解决问题的故事 / 50

三、巧用故事留住闲逛的顾客 / 52

辨别出目的型顾客 / 52

第一步：打消顾客的防备心理 / 53

第二步：适度挖掘顾客的需求 / 55

第三步：观察顾客的购买动机 / 56

四、顾客不试穿，故事来帮忙 / 57

情景再现：A类——自我控制型顾客 / 58

情景再现：B类——对价格在意的顾客 / 60

情景再现：C类——怕试衣麻烦的顾客 / 61

情景再现：D类——担心服装不适合自己的顾客 / 62

五、让不想购物的顾客买单 / 62

改变顾客价值观与消费观的案例 / 63

　　　　　引导顾客价值观、消费观时的一些禁忌 / 66

六、用联想性的故事促进连带销售 / 67

七、用故事"收买"顾客同伴的心 / 71

　　　　　为自己树敌的糟糕导购 / 71
　　　　　应对"顾客同伴"的四步策略 / 73
　　　　　应对"顾客同伴"四步策略案例解析 / 74

八、用顾客的故事说服顾客 / 77

九、小故事给顾客大面子 / 79

　　　　　顾客的面子真那么重要吗 / 79
　　　　　给顾客面子的回报 / 82
　　　　　别说让顾客"没面儿"的话 / 83
　　　　　别做让顾客"没面儿"的动作 / 83
　　　　　小故事带给顾客"大面子"的案例示范 / 84

十、卖产品不如卖"寓意" / 86

　　　　　你的产品能给顾客好的彩头吗 / 86
　　　　　怎么说出好寓意 / 87

十一、使用FABE法则说服顾客接受产品 / 94

　　　　　什么是FABE法则 / 94
　　　　　没有运用FABE法则的失败案例 / 95
　　　　　运用FABE法则的成功案例 / 96
　　　　　运用FABE法则的步骤 / 98

十二、用故事化解顾客的尴尬 / 99

　　　　　顾客忘带钱了 / 99

IV

  顾客不小心打碎了东西 / 101

  顾客之间发生争吵 / 102

  小孩哭闹 / 103

十三、维护VIP顾客的短信与电话 / 105

  你给VIP发的短信，他的手机收到了，但心收到了吗 / 107

  判断VIP短信是否有价值的四个标准 / 107

  VIP短信示范 / 108

  VIP的电话联络技巧 / 110

  把故事放进VIP的电话里 / 111

十四、你的故事能处理棘手的顾客投诉吗 / 113

  重新认识顾客投诉 / 113

  顾客投诉因我们而起 / 114

  如何用故事处理棘手的投诉 / 115

第四章 用故事征服不同性格的顾客

一、征服顾客要先解码顾客的性格密码 / 125

  认识性格 / 126

  测试自己的性格 / 126

  发现自我之旅 / 128

二、解读顾客性格与消费行为 / 137

  第一种方法：看面相 / 138

  第二种方法：观察身体语言 / 138

三、活泼型顾客爱听"美好"的故事 / 141

  搞定活泼型的顾客要先了解一下他们的特点 / 141

搞定活泼型顾客要学会赞美 / 142

给活泼型顾客讲最美的故事 / 144

四、强势型顾客爱听"结果"的故事 / 148

搞定强势型的顾客要先了解一下他们的特点 / 148

搞定强势型的顾客要学会尊敬 / 149

给强势型的顾客讲以结果为导向的故事 / 150

五、分析型顾客爱听"真实"的故事 / 153

搞定分析型的顾客要先了解一下他们的特点 / 153

搞定分析型的顾客要有逻辑与条理 / 154

给分析型的顾客讲关于事实的故事 / 156

不要在分析型顾客面前过于清高 / 161

六、和平型顾客爱听"关爱"的故事 / 162

搞定和平型顾客要先了解一下他们的特点 / 162

搞定和平型的顾客要学会信任和鼓励 / 163

给和平型顾客讲关于鼓励的故事 / 165

不要给和平型顾客太大压力或催促他做出决定 / 169

第五章　传播故事与塑造品牌形象

一、故事让品牌源远流长 / 173

二、导购在品牌发展中扮演的角色 / 174

导购创造感动顾客的品牌 / 174

导购创造品牌的文化魅力 / 175

导购随时随地传播品牌故事 / 175

导购的品格代表品牌的品格 / 176

三、用故事传播品牌价值,从导购做起 / 177

  在销售过程中讲品牌过去、现在和未来的故事 / 177

  在销售过程中讲述品牌的使命与价值观的故事 / 180

  在销售过程中讲述品牌设计师的故事 / 184

  在销售过程中讲品牌公益的故事 / 186

  在销售过程中讲品牌代言人的故事 / 186

第一章

卖产品不如卖故事

一、顶尖导购从讲故事开始
二、鲜活的故事胜过生硬的教条
三、推产品推不动,推故事就"显灵"
四、什么样的故事才是促进销售的好故事
五、测试你讲故事的水平

一、顶尖导购从讲故事开始

我挺自豪且幸福地认为，我是一个孝顺的儿子。我从小到大的孝顺并非源于与生俱来的本能。记得小时候，在月明星稀的夜晚，围着小桌子，我吵着让父亲讲故事给我听。老父亲的故事里，让我记忆深刻就是那些例如"不孝顺的儿子会被雷劈死，孝顺的儿子和儿媳挖到大金子"的故事。被雷劈死的不孝子故事曾一度成为我童年的"恐惧"，以至于我不得不听从父亲的"命令"和"管教"，小小年纪就学会为父亲分担家务。而"孝顺的儿子、儿媳会挖到大金子"又成了我童年美好的梦想，在幼小的心灵里，我似乎已经明白一个深刻的道理："孝顺的小孩能获得上天更多的眷顾。"我成长的道路已经无数次验证了故事的影响力与启发性。而今在职场上发现，"故事"依然在发挥着它无穷的魅力和神奇的作用。

丈母娘是这样选洗脚盆的

周末和丈母娘去商场买洗脚盆，众多的品牌让我俩眼花缭乱。出于孝顺她老人家，我的主意是"妈！咱们买最贵的。您怎么舒服怎么来，千万别省钱！"丈母娘心里美滋滋的，嘴上还是念叨："孩儿，咱们有钱也得省着花！慢慢选，不急。"以丈母娘的"货比十八家"、"砍价神功"，我俩转悠了老半天也没有结果。在憋不住上厕所的工夫，回来看她已经开好票据，等我买单了。付完款、拿好货品，导购一阵送宾寒暄以后我们离开了商场。

路上，我问丈母娘："妈，这么多品牌，您咋就选了这家呀？"丈母娘神神秘秘的："你猜！"我家丈母娘风趣幽默是出了名的。为了配合她老人家，我故作正经地给了三个答案："是品牌响呢？还是代言明星是您喜欢的？还是赠品多呀？"丈母娘得意地说道："你猜错了。如果你知道真正的原因，一定会感叹，你妈我今天做了一件善事。"说实在的，我有点摸不着头脑，买款洗脚盆和做善事能扯上关系吗？

丈母娘声情并茂地叙说着我上厕所那段时间发生的事："你去上厕所，我就在回想，哪个品牌的性价比最高。这时，一位导购员小姑娘让我坐下来慢慢思考。我坐在那里的时候，那位小姑娘告诉我说，她年龄很小，只有十七岁，刚到这个品牌店做导购不到半个月。我见她怪可怜的，就问她做得是否开心？她就伤心地说，她很小的时候母亲就去世了，爸爸娶了后妈，后妈经常打她。于是她很小就失学了，自己出来打工。现在这家公司每天都要定销售目标，今天她的目标还没完成，底薪都拿不到。"

我急忙问："妈，您不会是因为同情她才买的吧？您也没看看质量如何？"丈母娘振振有词地说："我看每一个品牌都差不多，价格也差不多，质量、功能都差不多。既然如此，咱们买个能做善事的，日行一善，积点德，多好！"

丈母娘现在每次洗脚时都要说道这事，还一边说一边肯定自己的选择："你们看，这款盆多好，质量好、功能多，我还介绍了两位朋友去买，那位小姑娘一定非常感谢我。"

瞧瞧咱妈，多么善良的一位好人呀！再一分析，最厉害的是那位小姑娘。她没费一点口舌渲染自己的产品有多优秀，更没有拿出更多的赠品去迎合顾客。仅仅是很真诚地讲述了自己的经历，就赢得了一次成交和两个转介绍。这一切都归功于她那动人的故事。你能说故事在销售过程中没有作用吗？

当然，我得温馨提示一下，我可不希望所有导购都像祥林嫂一样向顾客诉说自己的不幸而获得同情。我更希望各位导购从这个案例中知道，真诚、合时宜的故事更能增加顾客的感性认知，让顾客加重对品牌的好感或是对导购的信赖，最直接的作用就是促进销售。顾客在确定买单的那一刻总是感性的，而事后再去寻找若干个理性的理由来证明自己的决定，丈母娘的案例就是最好的证明。

导购伙伴们，你们是有故事的人吗？你们会讲故事吗？

顶尖导购从讲故事开始

我在终端所接触的顶尖导购们无不都是讲故事的高手，他们擅长收集故事、整理故事，并懂得在最适宜的时候讲述故事。无论你是销售服装、内衣、家纺还是首饰、家电，小到一枚针，大到千万豪宅，故事在销售之前或是销售之后都无处不在，无孔不入。

下面的案例中，你可以直观地看到，会讲故事的导购和不会讲故事的导购差别在哪里，有怎样不同的结果。

40岁左右的中年女顾客在试穿了一套价值3000多元的时装后开始犹豫不决，她对导购讲："会不会不合适呢？我这个年龄穿这套会不会有人说我扮嫩呀？"导购员说："放心，不会。"

顾客："色彩太艳，款式太潮，后背露太多。我的天，走出去太招人！"导购："您放心，不会的。"顾客："算了，不买了。"导购："那您试试另一件。"说时迟、那时快，导购迅速换了一件相当老式的款式。顾客一下就气了："我穿不了那么时尚的，也不用这么老气的吧！算了，今天不买了。"顾客气呼呼地离开了。导购一脸无奈，不知道自己错在哪里？

我们把这类不知为何就丢了顾客，又从来不反省的销售叫做"死不瞑目"的销售！这样的导购是在浪费品牌与顾客的时间，没有"钱途"，更无前途可言。

同样的镜头，我们再回放一次：

40岁左右的中年女顾客试穿了一套价值3000多元的时装后开始犹豫不决，她对导购讲："会不会不合适呢？我这个年龄穿这套会不会有人说我扮嫩呀？"

导购："姐，我觉得，您看上去的确很年轻。根本不存在扮嫩这个问题。"

顾客嘴角隐隐一笑，说："40多的人啦，哪里还嫩？色彩太艳，款式太潮，后背露太多。我的天，走出去太招人！"

导购："姐，您知道吗？上次有位年龄比您大得多的太太试了这件衣服以后，都急得要哭了。"

顾客纳闷了，很奇怪地问："为啥？自己喜欢，又觉得太贵啦？"

导购："姐姐，不是太贵了。那位太太和您一样有实力，也是我们的VIP，她已经50岁了，和您一样，特别喜欢这件衣服。可是遗憾的是她身材偏胖，没您那么苗条的体型，试了我们最大号的都不行，她可喜欢这件衣服了，又询问了我们改型号的裁缝，裁缝说这件是真丝的面料，款式比较独特，改了就失去原味了，建议不改。那位太太当时觉得特别遗憾。她都没说潮过头,您怎么这样想呢?"

顾客:"那你意思是说,我还真幸运?"

导购:"是呀,李姐,您看这款式您穿上如此合适,自己又喜欢。你不用担心别人的眼光,别人就算多看您两眼那也只是羡慕嫉妒恨!呵呵,她们肯定在想,要是有您这样的身材、气质和实力,自己也一定要穿!"

顾客:"呵呵,您说得真让人开心。行吧,咱也抓住青春不放一回。"

导购:"李姐,您本来就年轻!"

顾客开心地付款去了。

这两类情景我们无数次在终端看见过,第一位导购没有讲故事的意识,活脱脱的一位"没有故事的女人",与顾客对话时表述苍白无力,既不生动,也没有感染力。顾客在她生硬的介绍下,失去了对品牌的兴趣,也失去了和导购交流的兴趣。而场景二中所讲的导购,故事不仅有血有肉,还针对性地解除顾客的疑虑,建立顾客购买的信心,重塑顾客的消费价值观。这说明第二位导购平时就对发生在顾客身上的事情留意、用心,还能将故事转化为"生产力",真是太强大了。

二、鲜活的故事胜过生硬的教条

你喜欢听鲜活的故事,还是喜欢接受生硬的教条?如果某一日的晨会中,店长当着所有店员对销售能力超强的你说出下列这段话,你爱听吗?你心服口服吗?

"小李,我告诉你,一名优秀的导购必须要思想成熟,为人低调,业绩好也不能骄傲。谦虚使人进步，骄傲使人落后，你明白了吗？"

我相信，大多数的导购表面上点头称是，内心就多少有点不服气了，心里暗想："凭什么说我不成熟，我业绩好当然应当骄傲。公司哪位同事比得上我呀？"你瞧！生硬教条让人抵触、反感吧。

而智慧的店长懂得通过小故事让小李获得启发。在晨会上智慧的店长讲到：

> 昨天我看到一篇关于周润发的报道，其中提到身价九亿的周润发平时为人相当低调，也很谦虚。虽已贵为影帝，但出行时仍乘经济、实惠的地铁、巴士，好多人看到他以后都很诧异：为什么发哥那么有钱还如此节省？周润发则认为自己只是名普通市民，乘车就是图个方便而已。周润发的导演朋友爆料，发哥虽成就巨大，为人却从不张扬。拍片时更是向周围的所有人学习技巧，似乎他一生都在不断地学习。这个案例让我们明白：越是有成就的人，越是成熟的人越懂得处事低调、内敛。所以，有一句俗语说："低头的稻穗，昂头的稗子。"我们平时在终端业绩做得好，固然值得表扬和感到骄傲，但我们发现其实山外有山、人外有人。比我们成就大的人都如此谦虚、平和，我们还有什么值得炫耀的呢？如果我们还想有更高的成就，就要懂得以平常心来对待成绩。小李是我们店业绩最好的店员，我们都要向小李学习，同时小李也要将自己的技巧教授给同仁，让大家和你一起成长。我们相信小李可以做得更好，也会更加成熟。

故事讲完后，小李低下了头，脸红红的，有一丝害羞、内疚，还多了一份思考。

我们导购都感受到了"鲜活的故事胜过生硬的教条"对于我们自身的影响力，对于我们的顾客来说，道理是相通的。

再谈谈顾客在"听生动故事"和接受"生硬教条"的不同感受吧。

我们家小区附近有一家保健堂,主要经营整脊保健按摩。某日这家保健堂在我家小区里"路演"推荐保健项目,吸引了许多中老年顾客围观。其中一个环节让我记忆犹新。有两名导购负责记录小区潜在顾客的电话信息,一边记录一边推荐保健项目。其中一位导购在记录顾客信息时,基本是来一个顾客就吓跑一个。他惯用三句话,第一句:"您的姓名、电话?"第二句:"您这辈子正过脊没?"第三句:"我师傅说了,没正过脊的人,身上毛病多了去了。没事儿时看着像个正常人,哪天说去就去了,怎么死的都不知道!"听完这三句话的顾客,要么吓得不轻,半信半疑地走开;要么骂骂咧咧:"谁信呀!该不是骗钱的吧!"另一位导购情况就完全不同,顾客在留信息时他既会观察,也会询问,更会"推波助澜"。他会主动询问顾客希望解决什么问题,然后对症下药地给予案例说明。我记得一位中年妇女顾客诉说:"我家小孩走路的姿势怪难看的,想调一调。"导购:"阿姨,这个问题要重视。之前我们治疗过一名同龄儿童,因为长期错误的读书、写作业、看电脑姿势而导致身高发育不良。经过我们半年的专业调理,孩子长高了近5厘米,您可以看看他在我们这里调整的记录。"阿姨顿时来了兴趣,激动地说:"就是,就是,我家小孩就是比同龄人矮。还一天到晚上网打游戏,我说他他还不听,可算是发现长不高的原因了。"导购:"阿姨,其实脊柱不健康会导致各方面的疾病,以往我们都过多关注器质性的病变,而忽视了因脊柱变形导致的气血不顺后产生的疾病。整脊不仅可以保健,对治疗某些疾病也会有促进作用。日本是长寿大国,他们几乎人人都会参与整脊保健。"一番沟通后,阿姨当即就购买了一份年卡,用于全家保健。

第一位导购的生硬大道理不仅把顾客给吓跑了，还有骗人之嫌。而第二位导购引经据典的案例，使顾客既感亲切，又觉得实在，取得了顾客的信任。故事不在大小，实用就行；故事不在多少，到位就行；故事不在深浅，接受就行。

三、推产品推不动，推故事就"显灵"

逛商场时，常常看到某些品牌店的门外立着一块牌子，上面用简明的文字描述了该品牌悠久的历史或是动人的起源，让顾客对品牌有更清晰的认知。

如果一位导购告诉我，他们品牌的产品非常好，质量不错，价格公道，时尚，我可能一点兴趣也提不起来，礼貌性地应付一下，便匆匆离开。因为，如今商品竞争激烈，品牌同质化严重，款式东家抄西家，无论是哪个价位的商品，顾客的选择面都非常广。要想使品牌异军突起，建立众多的"铁杆粉丝"，光是靠简单的商品销售话术是不行的，一针见血的产品功能介绍可以建立单次的销售，但要形成顾客对产品长期购买，品牌故事就有效得多了。

推故事是在营造一份感觉，也是在建立品牌文化

某日在店内看到一款服装，觉得还比较独特，试了试发现也不错，正在犹豫是否购买之际，导购讲道："J.Crew的受众群非常广，在美国家喻户晓，连奥巴马的夫人也十分钟爱。奥巴马就职仪式上其夫人戴的绿色手套以及两个女儿一蓝一粉的大衣，可都是J.Crew的。这个品牌现在在美国成了'国服'，新款会马上卖断货，您喜欢就不

要犹豫哟。"说实在的，听完后，我心动了，突然感觉自己在时尚消费领域和总统夫人在同一个级别，内心充满了尊贵与优越感，关键是价格还挺实在。

回想，若导购仍然是老三篇的推荐："美女姐姐，我们的产品价格实在、款式新颖、潮流时尚。"那真是在浪费品牌的生命，浪费老板的金钱，浪费顾客的时间。

推故事其实就是在营造一份感觉，让顾客接受产品，并深信这款产品是自己内心的真实需求。上述这个案例，就是让我感觉（甚至是幻想）自己的品位与生活状态犹如总统夫人一般。回想起那次的购物过程，真是一份美好的回忆，即便是现在，穿着这套衣服都还有"飘飘然"的感觉。

之后，我对该品牌有了深入的了解，事实上它体现的是休闲、时尚的美国风格与文化。自奥巴马夫人追捧以来，深受美国大众喜爱。它不仅让美国民众快速接受了亲民的米歇尔·奥巴马，也让品牌自身光芒万丈。不得不说的是，我们在接受产品的同时，也在被产品背后的文化所影响。

故事是珍藏的美好回味，也打造了品牌的忠诚度

"推产品推不动，推故事就显灵"的道理，不仅是针对服装行业，几乎所有的商品都符合这个规律。还记得南方黑芝麻糊20世纪90年代的一则电视广告吗？昏黄温暖的路灯下，在南方古镇的曲巷深处，传来悠长的叫卖声："黑芝麻糊哎……"一个小男孩在街角忘情地吃着黑芝麻糊，最后把碗底都舔得干干净净的，吃完后仍贪婪地望着锅中的黑芝麻糊。慈祥的老板娘充满爱怜地摸着小孩的头，又把满满的一勺黑芝麻糊舀到孩子的碗中。画面到此时，广告语恰到好处地响起："南方黑芝麻糊，抹不去的回忆。"每次看到这里，我几乎就会忘记它原来是一则广告，更愿意把它

当作是童年美好的回忆，就算是冲泡一包南方黑麻芝糊，也会觉得是感受到了童年奶奶温馨的关怀，心中暖暖。直到现在，我仍然在夜晚加班饿的时候冲泡上一包芝麻糊。嘴里吃的是芝麻糊，心里是满满的关怀。

好的品牌故事促使顾客建立品牌情感，并将品牌情感自然而然地转化成购买习惯。长期的购买习惯能形成生活方式，最终品牌在顾客心中打下深刻的烙印。这一切都源于背后那则动人的故事。

一句话的故事也能打动人心

故事不在于多么的高深与复杂，一句话也是一个故事，关键是要说到顾客心里，或是引发顾客思考，或让顾客采取购买行动。

公司帅哥同事小胡要结婚了，他的新娘为了真爱不远千里从北方嫁到南方来，着实的不容易。小胡打算在结婚前给新娘小芳买戒指。工作时间不长的小胡经济能力有限，预算2000元左右，纯铂金就行。第二天上班时，大家关心小胡到底买了哪个品牌、哪款。小胡的答案让人大吃一惊，他居然买了一款6000多元的钻石戒指。小胡咋就想通了呢？小胡说："其实小芳挺理解我的，她不介意戒指的价格。只要两个人是真心相爱，能在一起就好。可是，我觉得人活一辈子就结一次婚，不能亏待了她。"办公室的美女们被小胡的深情打动，更恨不得自己也能拥有一位舍得为自己花钱的痴情帅男。小胡补充道："当时我和小芳买戒指的时候，那位导购大姐太能说了。我看她年龄差不多在40多岁吧，她很真诚地对我讲：'小弟弟，姐姐我是过来人，姐真心对你讲一句话：我看到过好几个从外地嫁过来的媳妇，人生地不熟，父母又不在身边，吃苦多过享福呀。这份真爱，你要好好珍惜。'她这话一说完，我媳妇眼泪都快下来了，看着我媳妇那样

第一章
卖产品不如卖故事

伤心,我肯定要对她好的。怎么说也要尽我最大的能力,买个钻石的吧!就算这个月少吃点,下班走路,我也拼啦!"小胡的演讲完毕,办公室所有美女花痴般地爆发出热烈的掌声,有几位眼角还闪着动情的泪花,几位90后的小妹妹主动表示要给小胡贡献自己的方便面、饼干、面包。我热烈的掌声,不仅是为小胡的真情感动,更是要送给那位擅长讲煽情故事的导购大姐。

导购大姐的"一句话故事"不仅促进了销售,提升了客单价,更重要的是唤起了顾客的责任心与爱。我更愿把她的"一句话故事"理解为潜移默化地"教育顾客"。卓越的品牌总是懂得教育顾客以正确的生活态度对待人生,犹如雕牌肥皂的广告教育观众要从小孝顺父母一样。

一句话的故事同样可以是幽默、风趣的。一对夫妇逛商场,女的看中一套高档餐具,坚持要买,丈夫嫌贵,不肯掏钱。导购一看,悄悄对丈夫说了句话,他一听马上就掏钱买下。是什么让他马上转变的呢?导购员对那位丈夫说:"根据以往的顾客购买经历,买回昂贵餐具的太太绝对不会让丈夫来洗碗的。"

来自北京的本土优秀男装品牌依文,以独特的"情感营销"方式"俘虏"了无数男士的"芳心"。其中的小故事就起到了至关重要的作用,伊文男装深信"客户的心是离客户的钱包最近的地方"。因此,依文男装自创了"吊牌小故事"、"黑皮书故事"和"依文小剧场故事"等。这些小故事印在依文男装的吊牌上,顾客买一套服装就可以阅读一个小故事,品味一次精彩的人生,更加深一次对品牌的理解,而这最终将升华为对品牌的忠诚。虽然吊牌上的故事有时候只是一句话,但它能迅速抓住男人的心。

为什么书店里的故事书比哲学书销售更好?其实道理都相同。为什么历史故事书比历史教科书销量更高?其实结果都一样。为什么人们一看道理就犯困，一听故事就来劲？其实说明的问题都一样。因为，故事充分满足了人类的好奇心，符合人们接受新事物的规律：体验—理解—感悟。

四、什么样的故事才是促进销售的好故事

可能导购伙伴们会问："什么样的故事才是能促进销售的好故事呢？我们在实践中总结了一下，符合以下五个特点的基本都是能促进销售的好故事。

讲顾客最感兴趣的故事

人在倾听别人讲话时，会主动留意自己喜欢的话题、感兴趣的话题、正在关注的话题。这种现象被称为选择性倾听。例如，某日和老妈在餐馆吃饭，她聊起家务事时，旁边座位的陌生人充耳不闻，当她兴致勃勃地畅谈《中国好声音》中的选手时，邻桌的两位美女马上关注她，认真听她讲述，还频频点头认同。不一会，老妈就和两位美女聊开了，仿佛遇到知己一般。不得不说，她们有着共同的兴趣与话题，这种话题能迅速拉近陌生人之间的距离。我们在和顾客交流的时候也一样，如果要想在最短的时间内拉近与顾客的距离，所讲的故事就要把握住顾客的兴奋点。导购小A在销售钢琴时，和妈妈顾客聊起了郎朗的培养与成长经历。聊这个话题，妈妈顾客特别兴奋，她对儿子的成才充满着无限期待，与导购越聊越投机。最终比较多家，还是在小A处购买了，故事拉近了心与心之间的距离。所以，导购要懂得顾客的"心"。顾客的需求有显在的，也有潜在的，这位顾客显在的需求只是一台钢琴，而潜在的需求就是让儿子成才。小A就懂得顾客的内心最真实的需要，因而讲述了一个最贴心的故事。

在最恰当的时机讲故事

如果没有抓住恰当的时机讲故事，可能讲而无效，或者出现话不投机半句多的情况。因而，时机的选择也很重要。那什么样的时机是好时机呢？我们总结了以下几种情况：

（1）导购已经充分取得顾客的信任，顾客愿意接受你的信息时；

（2）顾客没有其他重要的事情缠身，有时间倾听；

（3）销售如果一开始要讲故事，内容要短、精、简，太长会让顾客失去兴趣。

如果顾客表现出不耐烦，不愿多听，要适可而止。

真诚地讲真实的故事

过分夸张或听起来充满很多疑点的故事，不仅吸引不了顾客，反而会令顾客反感，对导购或品牌失去信任。故事要真实，导购要表现出真诚、认真的态度。

女装品牌导购小李向一位身材偏胖的太太推荐一款时装，试衣后这位太太不是太满意，感觉自己穿起来并不漂亮。而事实上，那件衣服的确不适合这位顾客。可导购小李一脸堆笑地说："您看，这件衣服您穿上气质高雅，美丽动人，雍容华贵。"小李夸张的表扬让太太心里有些不快，便推托道："算了，这件不行，其他地方再看看吧。"导购急于留住顾客，便急切地说："咱这件挺适合您的呀。您穿上看起来至少年轻了20岁！有一位年龄跟您一样的太太买这件，听说在酒吧里吸引了一位年轻自己10多岁的男朋友。"这位太太当即翻脸怒骂道："你是说我是要去找情人的人吗？神经病！"然后气急败坏地走出店门。

导购的赞美夸张，表达轻浮，所讲的故事不仅让顾客怀疑真实性，还令其反感。所以说，故事的真诚、真实很重要。

导购的表达能力要强

故事重要，讲故事的人同样关键。为什么同一个故事，有的人讲出来大家都乐了，而换一个人来讲就完全失去了效果呢？讲故事的高手往往都有很强的表达能力，能将听众的心抓住。如果导购只是一味地"背"故事给顾客听，那顾客不但没有兴趣听，反而觉得浪费时间。优秀的导购都有一个从"背故事"（做好故事的准备）到"讲故事"（多练习多实战）再到"演故事"（信手拈来，表达游刃有余）的过程。表达能力是可以通过培养而提升的，后面的章节会讲到讲故事的技巧。

好故事能让顾客改变

好的故事可以让顾客改变观念，并最终做出购买的决定。

小孙想孝敬农村的老父亲，要为老父亲买一部手机，以方便联系。导购推荐了一款说："小伙子，这款好，质量不错、价格公道、性价比高。"小孙摇摇头说："我想给父母买个好的，买个国外品牌的，国产机不需要。"然后离开。走到另一柜台，导购说："小伙子，这款特别适合老人。上周一位小伙子跟你一样孝顺来为家里老人买手机，选了这款。今天又买了一部，也是送老人。他说老人眼神不好，但这款按键大，老人操作方便。老人耳背，但这款声音大，老人能听见。这款虽然功能没其他手机那么强大，但其他功能老人根本用不了多少，所以，这款功能实用，价格实在。"小孙点头说："其实我是想买国外品牌的。"导购："孝敬父母就要送父母真正需要的，你说你父亲是在农村，农村的老人基本全部在用国产手机，因为实用性更强，并且维修站多，维修成本便宜。你的父亲就算是用了你说的国外知名品牌手机，用起来既不方便，又浪费功能。老父亲可不需要年轻人的时尚功能。我爸爸的手机就从不上网，更不打游戏，连照相都不用。你说你买这么多功能的手机是不是浪费呀？"小孙点点头。导购继续补充："你看我们这款有一键功能：一键亲情号，一按就打给你；一键短信号，一键就发短信；一键打开收音机。你老父亲使用起来多方便呀。"小孙最终购买了这款手机。

这个案例充分说明，销售不是自说自话地去推荐产品的功能，而是要结合顾客的需要讲故事。同时，在讲故事时改变顾客的消费观念。一旦消费观念改变了，顾客的购买就水到渠成了。

五、测试你讲故事的水平

我们已经知道了故事在销售中起到的推进作用，那导购伙伴们现在在销售中的讲故事水平如何呢？

我们来完成一套测试题，看看自己的差距在哪里？需要从哪些方面着手改变？

销售人员讲故事水平测试题

请在以下的选项中根据平时的表现，进行自评打分。做得不错，产生成效，已经养成习惯的打 10 分，有价值和兴趣时才做（没养成习惯的）打 5~9 分，偶尔做打 3~4 分，基本不做打 0 分。完毕后累加总分。

（1）我平时有收集销售案例的习惯，只要对销售有帮助，我就会用笔记录下来。（　）

（2）我平时在销售中会留意顾客的反馈，并会将顾客的反馈形成案例，用于日后的销售工作中。（ ）

（3）我平时表达能力强，说话很有鼓动性，能引起他人的注意。（ ）

（4）通过观察，我总能识别出顾客的内心感受。（ ）

（5）通过与顾客的沟通，我总能知道顾客真正想要什么。（ ）

（6）我在销售中，清楚在什么时候应该说什么话。（ ）

（7）我可以将同一个销售故事演绎成多个版本，有30秒的、5分钟的、10分钟的。（ ）

（8）我喜欢和陌生人交流，总能很快和他们建立良好的互动。（ ）

（9）我喜欢看书和学习，热爱思考。（ ）

（10）我渴望将自己所了解的和大家分享。（ ）

汇总一下分数吧：

总分90~100分：恭喜你，你讲故事的水平很高，是讲故事做销售的高手！

80~89分：有很好的基础，再加把劲，会成为高手。

65~79分：有一定的基础，还有提升的空间。

65分以下：不好意思，你的讲故事水平还有很大的差距，看看自己差在哪儿，努力改善，争取有所提升。

第二章

做有故事的人，还要做能演绎故事的人

一、导购从哪里收集故事
二、什么样的故事让顾客觉得生动又有趣
三、讲故事常见的四种表达结构
四、你懂得倾听顾客吗
五、切莫陷入故事的误区

一、导购从哪里收集故事

在前一章中我们了解了故事的重要性，那么作为一名职业化的导购，收集故事就显得至关重要。怎样才能让自己成为一个"有故事"的人呢？下面是优秀导购收集故事常用的几招。

第一招：擅用倾听

顾客在购物时如果和导购建立了信任关系，就会聊聊家常，说说心事。遇到这样的顾客时，我们可以记录下他们的故事。同时要懂得回顾，事后回想一下，顾客讲这些事是为什么？他想表达什么样的情感？对他的故事如何描述会更精彩？他的故事运用在哪个销售环节或针对哪一类顾客群体使用更能促进销售？

第二招：终端分享会

导购之间利用晨会时间分享业绩增长的心得是不错的习惯。终端店面的员工可以利用这一时间分享彼此的故事，让好故事人人知道，人人会讲，人人懂得运用。

第三招：学会阅读

喜欢阅读的人思维开阔、知识面广，人生会更加丰富。若想"活到老、学到老",书籍便是人类最好的朋友。我经常乘飞机,发现一个现象:坐头等舱的人大多在读书,坐商务舱的人很多在欣赏机内的杂志,而坐经济舱的人大多在玩游戏或聊天。你能说这不是一种规律吗?这种现象的背后告诉我们一个事实:善于学习的人成长更快,能力更强,人生条件更优越。虽然导购是基层工作,但我们仍要培养学习与阅读的习惯,为自己将来的职业晋升与人生成长打下基础。"书中自有黄金屋、书中自有颜如玉",书中的故事会启发我们思考人生与世间百态。在阅读后,形成我们自己的理解与观点,这些观念都可能会影响到销售。

  记得一次为妈妈买衣服,我取下一件白色的上衣,感觉款式不错,上面镶缀了几朵梅花,便自言自语:"这几朵梅花很美,可是梅花谐音'霉',寓意不好。"一位娇小玲珑的导购对我讲:"这套服装的款式设计师给它取名叫'咏梅',其实看到这件衣服让我想起毛泽东的《咏梅》那首诗:风雨送春归,飞雪迎春到。已是悬崖百丈冰,犹有花枝俏。俏也不争春,只把春来报。待到山花烂漫时,她在丛中笑。您妈妈那个时代的人应该很喜欢的。寓意是美好、崇高、圣洁的。"小姑娘讲完后,我对她完全另眼相看,一位不起眼的小女生却能道出如此优美的诗句,还能理解我妈妈那个年代的精神与喜好,顿时对她生出几分好感。我问她平时是否比较喜欢读诗句,她说她喜欢看书,尤其是文学和艺术类的,她希望以后能成为一名陈列师,将美传递给顾客。你难道不觉得这位小姑娘的魅力是来自于她丰富的内在吗?现在那件名为"咏梅"的服装依然是我妈妈的"心头好",成为她在春季出镜率最高的服装之一。

第四招:关注见闻与时事

  阅读报纸、关注新闻、了解时事也可以增长我们的见识,同时也能将当下热点、即时新闻有效引入到销售中。

玛丽是一位非常喜欢读报纸的导购，同时也爱在网络上关注新闻。前一段日本因为地震、海啸导致核泄漏，一时间人人谈"核"色变。虽然我们相隔遥远，但受到了一些核辐射的影响，当然更多的是心理上的担忧。玛丽的店里销售的是办公室里的小盆栽和一些茶品，她某日看电视新闻听主持人介绍说，室内摆放仙人掌和喝绿茶有防止核辐射的功能。看完新闻后，玛丽在网络上也收集了相关的信息并对这类方法进行了确认。之后，每次有顾客进店，玛丽总会主动、热情地为客人介绍她的办公室和家庭"防辐射小套装"，即桌边一盆仙人掌，每天两杯绿茶。还将一些防辐射的方法介绍给大家。通过她的介绍，店里的"防辐射小套装"销售得异常火爆。

第五招：刻意收集

导购要学会结合自己所销售的产品刻意去收集相关的数据和资料，并汇编成自己的销售话术或故事。

艾米是调整型内衣的美体导购，她所销售的美体内衣一直以打造女性健康生活为理念。艾米也是一位喜欢学习，并将学习与销售相结合的优秀顾问式销售人员，她会刻意收集一些女性健康知识、保养乳房的方法，以及相关的故事。艾米发现店里的中年女性比较多，大多都有一定的文化素养。谈到一些关于健康、养生、身材维护等女性话题就特别能拉近与顾客之间的距离。所以，艾米自己平时就很留意收集这类信息，在销售中总能找到与顾客共同的话题。

二、什么样的故事让顾客觉得生动又有趣

为什么同一个故事,有的人讲会让听众产生浓厚的兴趣,而换一个人,除了讲故事的人开心以外,其他的人毫无反应?这是因为,故事本身重要,讲故事人更重要。怎样才能把故事讲活呢?

第一招:灵活运用身体语言

我们在表达一件事情时或演讲时,在对他人的影响因素中,身体语言的影响力占到55%、语音语调占38%、内容占7%。所以故事虽然重要,在讲述时语音、语调的掌握,身体语言的运用更加关键。在和顾客沟通时,什么样的身体语言最适合呢?有的导购会说:"陈老师,一定是微笑吧!"是的,微笑很美,但不适用于所有场合。假如顾客给你叙述自己的痛苦购物经历时,你不会也傻傻地站在那里露出八颗牙齿吧?所以,没有一种身体语言放之四海皆可用,但一定有一套规律可以遵循。讲故事时要想做到生动而富有感染力,我们要做到以下两点:

(1)面部表情丰富:说到开心的故事时露出会心的笑容,说到伤心的故事流露出难过的表情。表情真诚、自然,不夸张。

当导购叙述开心或者痛苦的故事,倾听顾客讲述愉快或者难过的故事时,表情要与顾客同步。

图 2-1

（2）肢体语言配合：除了面部表情以外，我们还要配合以肢体语言。最常运用的就是手势，具体可参考下图和导购手势一览表。

图 2-2

表 2-1　导购手势一览表

目的	手势
和顾客交流	伸出手，五指并拢，面部表情真诚
拒绝谈某个话题	掌心向下，作横扫状
区分	两手竖放，做切分状
警示	掌心向外，指尖朝上
指明	用掌或手指，五指并拢指向某处
号召	手掌向上，挥向内侧，配合饱满的表情
激情	拳头向上，配合较为夸张的表情
决断	拳头向下，配合较为夸张的表情

第二招：利用语音语调的魅力

同样一句话，由于表达的人所使用的重音不同、停顿不同，表达的情感和含义就会有所差异，甚至截然相反。例如"你真是我的好朋友。"这句话，至少可以读出四种不同的情感：

"**你**真是我的好朋友。"把重音落到"你"上，强调对"你"的重视。

"你真是我的**好**朋友。"把重音落到"好"上，强调朋友之间的情感。

"你**真**是我的好朋友。"把重音落到"真"上，强调朋友之间真挚的情感。

"你真是我的好朋友？"后面的尾音向上，代表疑问、怀疑。

上述这个案例使我们明白了，为什么同样一句话由于语音语调不同，表述的效果会完全不一样。因此我们在给顾客讲故事时要注意语音语调的高、低、起伏、快、慢、停顿，如表2-2所示。

表2-2　导购讲述时的语音语调

表述方式	语音语调	示范案例	常见类型
陈述语气	不带感情色彩，以规范、平稳的方式表达。	导购："之前有位顾客在使用这款手机时，用到了以下几项功能，包括：手机淘宝、移动梦网、支付宝等。" 导购："我给您讲述一下之前一位顾客的使用过程，当时的情况是……"	高科技类产品的功能介绍。 功能性产品的展示与示范。 陈述某事实。
强调语气	通过加重语音和运用停顿来特殊强调某个信息或某类情感。	导购："您知道吗？//我们一位妈妈级的顾客在//网上//购买了同款的童装以后，发现居然是//假货！" （重音落到"假货"上。//表示停顿以突出重点。）	希望突出某种情感。 希望突出某点信息。

(续表)

表述方式	语音语调	示范案例	常见类型
号召语气	语音饱满、感情色彩浓厚，兴奋的、上扬的、积极的。	导购："先生，您难道不觉得您太太穿上这件衣服和您一块出席活动，会非常迷人吗？给您的面子上也加分不少吧！我建议您给她买下吧！" 导购："李姐您去试衣间试一下，上身效果一定非常棒！"	号召顾客做决定时动员顾客的某项行为。
疑问语气	语音上扬，有感情色彩。 导购："真的吗？"	导购："您猜当时怎么样啦？"	销售过程中与顾客的互动。 讲故事时和顾客进行的"疑问式"互动，让顾客也参与到故事当中来。

第三招：邀请顾客参与互动

身体语言和语音、语调的运用会使顾客被故事所感染，如果想激发顾客的更大兴趣，要让顾客参与到故事的互动当中来。

某品牌服饰饰品店内。

导购："您知道吗？最近有一部韩剧非常火！"

顾客："是吗，哪部？"

导购："《绅士的品格》，看过吗？

顾客："看呀，我正在追这部剧呢。"

导购："里面有位大美女哟，有印象没？"

顾客："是金荷娜吗？

导购："对的，您和我一样都是韩剧迷，金荷娜穿一套白色的时装您记得吗？"

顾客："记得，非常有气质。"

导购："就是啦，每次她穿那套服装时，配的就是这条同款的项链，感觉好有女人味。"

顾客："是吗？我也试试。"

上面这个案例中，导购与顾客的角色更像是两个有着共同语言的朋友间的对话，通过引导，导购与顾客拉近了距离，抓住了共同兴趣，也增加了试戴率。

三、讲故事常见的四种表达结构

在给他人讲述故事时表达的内容的结构性、完善性决定着是否能将一个清晰的、有明确中心思想的故事准确地传递给顾客。故事的表达都有哪些结构呢？我们为导购总结了六种故事的表达结构。

时间顺序

可以按照事情发生、发展、结束的时间顺序进行描述。

导购："前天一位顾客来的时候……昨天他又……今天上午他……现在他……"

优点：这样的表达结构，顾客能清晰地知道整个事态的发展进程，时间性极强。

空间顺序

按照事物的空间结构来说明，可以由外到内、从上到下、从整体到局部，可以全方位说明事物。

> 导购："我们品牌在总部的旗舰店总体面积有 1000 平方米，共二层，每层面积 500 平方米，为长方形，主要分为四个区：男装区、女装区、童装区、体验休闲区，一楼为……二楼为……从左到右分别是……"

优点：这样的表达结构，能让顾客头脑里形成一个整体的印象与概念，思维很清晰。

主题顺序

如果要说明的事件或案例较多，或者一个案例中有多个观点，可以分主题对顾客进行讲述。

> 导购："张姐，我知道您担心这款产品不能解决您的颈椎病问题，其实像您这样类似的案例我们遇到的还真不少。您看，像上个月的一位顾客李姐，她……（讲述案例）。另外，前几天我们店来了一位老大爷，他……（讲述案例）。他们的共同点是……（总结性的表述）所以，我建议您可以……（提出建议）"

优点：分主题描述可以讲述多个案例，在讲述完案例后可以进行总结、分析、提炼，并形成对顾客的建议。

因果顺序

因果关系是事物之间的必然联系，因为发生了什么，所以有了什么样的结果。

导购:"姐姐,因为前几天一直连晴高温,所以这段时间我们的遮阳伞卖得特别好。再说了,我们重庆的姑娘都爱美,又赶时髦,所以,款式夸张和炫目的销量特别高。"

优点:顾客能通过因果关系接受导购的某个观点,并理解产生目前结果的原因,更能接受现状。

四、你懂得倾听顾客吗

人有烦心事时总是希望找贴心的朋友倾诉,不一定是寻求解决问题的方法,可能只是发泄一下,心里会顺畅不少。尤其在女人之间,越多分享自己秘密的人越是亲密的好友。这个道理放在导购与顾客这里也是适用的。

会倾听的导购才能赢得顾客

我接触过一位导购,她虽说不是学心理学的,却总能捕捉到顾客的内心。她应对的话语常令顾客感到既贴心又感动。她的优点很多,其中一项便是懂得倾听顾客的心事。她告诉我说,她的品牌是高端女装,接触的女性顾客普遍是35岁以上的成功、成熟女性,或者是老公事业有成的全职太太。这两类女性虽说经济实力相当,可生活的关注点和成就感却截然不同。事业型的女性内涵深厚,社会活动精彩。她们在接受我们的服务时最关注的是我们能否为她们找到聚会、活动时能衬托她们成为焦点的服装;而全职太太却不同,她们关注的焦点更多是导购的一言一行是否尊重她们。甚至她们会对一些细节非常敏感,如你记得她的名字吗?你知道她的先生是做什么的吗?你知道她小孩的情况吗?你赞美过她的一些优点吗?你知道她最在意什么吗?如果你能将她放到一种被尊重的位置,他们买导购推荐的衣服更像是朋友之间的一种情义上的回馈。

小女生总结完以后,我内心暗暗佩服她对顾客心理的准确把握。她继续说,其实她发现虽然这两类女性有完全不同的人生态度,但是她们却有一点心理是相同的——她们在购物时都渴望有机会倾诉自己的喜悦,或是分享她们的痛苦。她们和你的关系越铁,她们越会跟你在沟通个人的事情上花费更多的时间。到最后,她们觉得和你分享了那么多心事,总要感激一下你对她的理解。就如同有困惑的人要给心理咨询师付费一样,顾客只是将金钱支付给了服装而已。所以,贴心的导购不仅要懂得讲故事给顾客听,也要明白,顾客愿意给你讲她的故事时,就是两人建立长久客情关系的重要时刻。

通过巧妙询问引导顾客讲出自己的故事

导购可以用询问的方式引导顾客讲出心声,究竟如何询问呢?

把握询问的时机。如果没有把握好询问顾客心事的时机,很容易令顾客反感或者让顾客觉得导购过于八卦。聪明的导购都知道,在三种情况下,不要过多询问顾客的事。一是不熟悉的客户,也就是我们常说的新客。由于没有情感和信任基础,过多的询问只会令顾客反感。二是顾客赶时间。如果顾客有事赶时间,即使是再熟悉的客人也不要耽误她处理自己的事情。三是顾客有顾虑。如果导购在与顾客沟通的过程中发现顾客对某个话题或某件事情特别敏感、在意,不想提及,导购要懂得立即收嘴。那什么样的时机是恰当的呢?导购要擅长在终端和客人交流时观察与发现顾客的状态,如果发现客户很投入、激动并主动讲述自己的事情,这个时机就是询问顾客的关键时候。或者顾客的身体语言表现出有心事、犹豫、困惑、不安时,如果这位顾客是你的熟客,你可以通过询问了解她的问题。问题不要太过激进和尖锐,提问的内容可以贴心一些。

举个例子：

服装店里，老顾客李女士在试衣时默默地对导购说："哎，这段出差频繁，应酬多，又长胖了。"不会询问心事的导购只会回应："哪里，哪里，您一点没胖。"说实在的，这叫睁眼说瞎话，顾客长胖的事实摆在面前，她只会虚情假意地回应。也有傻乎乎的导购会直截了当、披头盖脑，问得顾客没法回答："难道您不知道控制一下食欲吗？"此话一出，顾客心里嘀咕："我控不控制，关你屁事！"聪明的导购会问："李姐，您是事业上的大忙人，真羡慕你可以到处走走，这段时间都去哪里了？"顾客："香港、澳门、台湾。"导购："都是好地方，收获肯定多啊。"顾客："我告诉你，这次我去香港看张学友演唱会的现场了。"导购："是嘛，我太喜欢张学友了。"顾客："我给你说，我居然和他握手、签名了。当时，他……"

通过导购的询问，顾客从长胖开始聊，一直聊到顾客感兴趣的话题。最终导购和顾客建立起良好的关系，此间询问技巧起到了重要作用。

再举个例子，在药房的保健品专区，一位女儿专程为妈妈选购防止"三高"的维生素。在众多的维生素品牌中，她最终选择了一款品牌并不是太响亮、广告做得也不是太多的牌子的维生素套装。我当时询问那位有孝心的女儿，为什么会选择这个品牌，她说不是因为这个品牌价格便宜、更不是因为这个品牌的赠品最多，最重要的是那个品牌的导购愿意一直听她诉说妈妈的病情，在倾诉的过程中还详细询问了相关细节，最后才给她推荐这个套装。女儿认为导购的推荐一定是在了解了她的需求后才做出的正确判断。在这位女儿顾客与导购的聊天过程中，她还给导购聊到她妈妈平时工作是如何辛苦、生活上是如何节约、对她又何等关心等。导购都听得非常投入，一边听一边赞美女儿的孝心。女儿顿时觉得自己和那位导购惺惺相惜，并相信那位导购给她推荐产品时一定是诚心诚意的，推荐的产品一定是适合的。

问什么样的问题能挖掘顾客的故事

我们以这位孝顺女儿买维生素的案例为例，看看导购问什么样的问题，可以引导顾客讲出自己的故事。

明知故问的问题，例：

> 导购："妈妈'三高'平时的表现是什么？"

其实，导购对"三高"群体的表现非常清楚，却要顾客说出来，这样顾客会认为导购很专业，很愿意倾听她的事情。

简单易于回答的问题，例：

> 导购："妈妈生病，你心里一定不好受吧？"顾客："是呀，这几天我……"

让顾客表达出自己的心声，讲述自己的不易，更容易拉近与顾客的距离。

引导顾客思考的问题，例：

> 导购："以前想过其他的一些方法来解决吗？比如说运动、素食等？"顾客："有呀，但是……"

通常询问给顾客一些建议，让顾客觉得你的建议是有价值的。

能引导销售的问题，例：

> 导购："你真是孝顺的女儿，以前有给妈妈买过类似产品的经历吗？"顾客："有呀，但是……"

通过引导，一步步让顾客进入到购买流程。

这四类问题，我们可以单独使用，也可以打组合拳。引导顾客说得越多，成交的可能性就越大。

导购询问后的倾听状态

前面我们讲到，身体语言的影响力占沟通当中的55%，所以在倾听顾客的故事时，导购适当的身体语言也是取得认同的方式。当顾客在讲述自己的经历、故事时，我们要以什么样的状态应对呢？

要通过眼神的交流表现出对顾客的专注与尊重：顾客在讲话时，导购的眼睛应关注顾客面部的"焦点关注区"，就是以顾客眉心为顶角，两颧骨为底角的三角区。在交流时，导购的眼神应落在这个"三角区"里。当然交流时间若较长，也可适当地变化注视点，而不是死死盯住对方的双眼或其他一个地方。心理学家分析发现，交流时关注对方的"焦点关注区"可以给对方备受关注、觉得自己很被重视的感觉。在交流了一段时间以后，对方会慢慢放下戒心、吐露心声。当然，还要配合表情上的变化。

焦点关注区就是以顾客眉心为顶角、两颧骨为底角的三角区
图2-3

五、切莫陷入故事的误区

故事虽说作用巨大，但也绝非万能。如果把握不当，导购也会陷入到与顾客交流的误区当中，故事不仅起不到的作用，反而令顾客反感。以下四种情况我们要注意，并在工作中避免。

不讲有"色"的故事

有的伙伴觉得故事不带点"黄色"，不足以引发顾客的兴趣和乐趣，认为讲有"色"故事更容易拉近与顾客的距离。事实上我们发现，但凡上档次的品牌导购都不会以哗众取宠的方式来作为吸引顾客的手段。这种方式只会影响品牌的形象。在顾客的心中，讲这类故事的导购是有失水准、缺乏风度，甚至粗俗不堪的。

少谈"政治"故事

有的人一聊天就大谈政治色彩的故事，在聊天的过程中高谈阔论，仿佛自己对国家了如指掌，对社会看得很透，对时代把握得很准确。而事实上，他们可能只是初出茅庐的小年轻，对社会还一无所知，只是在那里道听途说而已。所以，面对顾客时，我们尽量少谈政治。如果顾客愿意说，我们以倾听为主。

不去深挖顾客不愿意说的故事

不懂事的导购拉着我就问："姐姐，你的包包在哪里买的？好漂亮！什么品牌的？谁买的？为什么自己买，不让老公买呢？是不是老公对你不好呀？快说说你老公是什么样的人？姐姐你们结婚几年了，感情好吗？"听到这番话，我当时就无语了。我不知道如何回答她，实在是不愿意把自己的私人问题与别人分享。

不说竞争对手的坏话

　　导购问我："姐姐，你平时喜欢什么款的美容品。"我说："×××牌子。"导购："姐姐，你知道吗？那个品牌有质量问题哟！经常看到有顾客来退货，常常发现有顾客来投诉，都说他们家的产品会造成皮肤过敏。姐姐，您怎么买他们家的呀。您肯定对这方面不懂吧。"说实在的，听她这样一说，我不仅对别人的品牌没有不良的感觉。反而觉得这个小妹人品有问题，为了达到目的，不择手段。最后还评价我不识货，简直让我大为光火。不想再跟她多聊，于是我转身就走。做终端那么多年，我想总结一句，凡是有实力、有底气的品牌，凡是有档次的品牌从来不会说竞争对手的坏话，更不会主动去"宣传"竞争对手的所谓"坏事"。

不讲深奥难懂的故事

　　我平时授课的学员群体范围很广，高至企业董事长，基层至店长、导购。但我发现，无论哪个层面的学员，他们在给我的反馈中都提到，他们更喜欢听的课程是"深入浅出"、"寓教于乐"的。所以，不是说高端的人才、高端的岗位就一定喜欢深不可测的道理。他们同样希望一个深奥的道理用更易接受、更快乐的方式来理解。导购在给顾客讲故事时也是相同的，不要在顾客面前炫耀自己的智慧，恰恰一个简单、平实的故事更能打动顾客。

第三章

讲故事的十三个重要场景

一、单店业绩提升要素分析
二、用"瞬间"小故事吸引顾客进店
三、巧用故事留住闲逛的顾客
四、顾客不试穿，故事来帮忙
五、让不想购物的顾客买单
六、用联想性的故事促进连带销售
七、用故事"收买"顾客同伴的心
八、用顾客的故事说服顾客
九、小故事给顾客大面子
十、卖产品不如卖"寓意"
十一、使用FABE法则说服顾客接受产品
十二、用故事化解顾客的尴尬
十三、维护VIP顾客的短信与电话
十四、你的故事能处理棘手的顾客投诉吗

一、单店业绩提升要素分析

导购伙伴们天天盼望着终端店面业绩提升，那业绩到底受哪些因素影响呢？我们来看看下面的业绩提升要素分析图。了解分析图中的各类要素，将使我们更清晰地掌握各种重要的销售场景，并深刻理解导购应该在此间扮演什么角色，掌握哪些技巧，并最终提升销售业绩。所以这章内容作为基础知识和必备知识，它将是我们学习"讲故事的十三个重要场景"的基础。

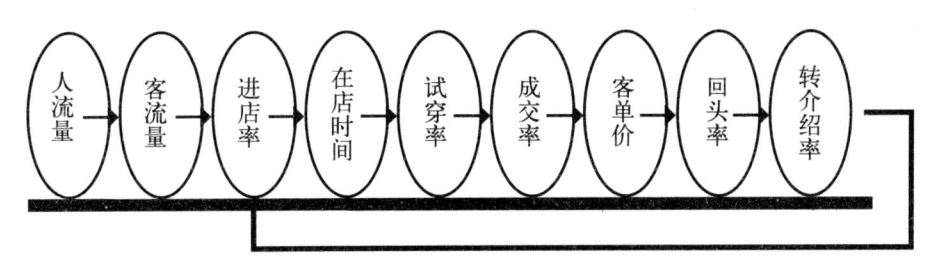

人流量 → 客流量 → 进店率 → 在店时间 → 试穿率 → 成交率 → 客单价 → 回头率 → 转介绍率

单店业绩提升要素分析
图 3-1

人流量和客流量基本是在选址时就已经确定了的，我们在这里不做更多的讲述。作为导购来说，能有所作为的地方包括进店率、顾客在店时间、试穿率、成交率、客单价、回头率和转介绍率。当然，我要特别提示一下，这几项重要的指标还受门头、橱窗、陈列、搭配、销售道具、促销策略、VIP客户管理与日常维护等其他因素影响。我们不仅要提升销售技巧，也要提升硬件上的维护与调整能力，比如陈列的调整、终端店面氛围调整等。本章我们主要学习导购自身的销售技巧。

表 3-1　单店业绩提升要素分析表

名词	名词解释	计算公式	统计方法	决定因素	如何作用于销售
人流量	大型商场、百货公司、各类专卖店外人流的数量。可以以每天，也可以以某个时段来计算。如：每天的人流量是3000人；每天下午3：00—5：00的人流量最旺，平均为1000人左右。	计算与统计某个时段的总人流量。	如果专卖店有多个出入口可以计算多个出入口的人流量，便于了解顾客的动向；用摄像头，后期进行人数统计；安排员工进行记录。	店面选址店面开口设计品牌影响力外部商业环境	人流量不等于客流量，类似火车站虽然人流量大，但不一定是销售产品的主流客户群体；人流量会相对决定客流量，但也有一些例外，如某些小区聚集地，人流量不大，但可能主流客户群体较多。可以了解促销时，人流量是否增大，以考核促销效果；可用于决定开关店的时间；可用于决定店面选址或开门位置。
客流量	某段时间内，主流客户或潜在客户的流动数量总和。	计算与统计某个时段的主流客户和潜在客户的总数量。	同人流量的方法，但需要从人流量上进行细分，判断出客流量。	店面选址店面开口设计大型促销活动广告	客流量往往与销售成正比；通过客流量的计算考核促销的效果、广告效果、公关效果；客流量可以用于促销活动的时间选择。

第三章 讲故事的十三个重要场景

（续表）

名词	名词解释	计算公式	统计方法	决定因素	如何作用于销售
进店率	单位时间内，从店铺门口处经过的客流量与进入店铺内的客流量的比率。例如单位时间内经过店铺门口的客流量是100人，其中有40人进入了店铺，进店率就是40%。	进店率=单位时间内进店客流数量÷单位时间内经过店铺门口的客流总数量×100	可通过视频录像或导购计算方式，记录进店客人及人流量。进行持续一段时间的记录。	店名 门头 侧招 地台 橱窗 灯光 出入口设计 <u>店门口处的导购话术引导</u>	进店率直接决定着销售额，进店率越高，销售额越高。增加进店率是终端销量提升的关键要素之一。
在店时间平均值	顾客单次在店里的停留时间的平均值	规定时间内的每位顾客单次在店时间的总和÷规定时间的进店顾客数量×100%	导购在规定的时间内，记录下顾客的进店与离店时间，以便于计算结果。	店内的整体装潢 形象道具 卖场动线设计 商品陈列 卖场氛围展示 <u>导购形象</u> <u>导购商品专业知识</u> <u>导购服务技巧</u> <u>导购销售技巧</u> <u>导购的库存熟悉状态</u> <u>店内互动游戏设计与导购组织能力</u>	顾客在店时间越长，消费的可能性越大； 顾客的在店时间越长，消费的总金额、连率、客单价更高； 顾客的在店时间越长，对货品、服务、导购的感受就越强。导购应该从陈列、布置、服务、销售技巧、专业形象方面不断完善，从而延长顾客的在店时间。

(续表)

名词	名词解释	计算公式	统计方法	决定因素	如何作用于销售
试穿率	某时间段内，或者一天里试穿顾客的数量和相对应时间内进店顾客数量的比率。	试穿率＝试穿的顾客数量÷进店的顾客总量×100%（针对某个时间段）例如：一天内进店的顾客是100人，有过试穿体验的顾客是60人，试穿率即为60%。	导购专门记录当天或某个时间段的进店顾客数量，以及试穿顾客的数量，并进行计算。其计算时也可以按导购人头来计算，可以分别计算出不同的导购分别能做到多高的试穿率。	货品结构 商品陈列 导购的服务水平 导购的销售技巧 导购的货品熟悉程度，即产品知识、FABE 导购拿货的速度 导购的专业搭配技巧 导购的色彩分析与掌握能力 导购的顾客心理把控能力 导购试衣间内的引导 试衣间文化 试衣间布置	试穿率的提高可以带动成交率；试穿率可以考核导购的销售技巧、服务水平、顾客心理引导能力、库存掌握情况等。
成交率	单位时间内的成交笔数除以单位时间段内的进店人数，即成交率。成交率、单笔成交量、进店率为主要影响销售的三个核心要素。	成交率＝成交的总笔数÷进店顾客总数×100%	导购通过表格记录的方式进行统计计算，分析。可以细分到每个导购进行计算。	商品管理，包括：订货技巧、上货波段的把控、补货速度。 导购的成交技巧、成交话术、连带销售的话术、顾客成交心理把握。 导购的积极心态与自信度。	成交率的高低将直接影响着销售；成交率高不一定代表销售业绩高，进店量与成交平均单价也很关键；成交率可以作为考核导购销售技巧的重要环节，直接考察到导购的销售的积极性与销售话术、顾客心理掌握情况。

第三章 讲故事的十三个重要场景

（续表）

名词	名词解释	计算公式	统计方法	决定因素	如何作用于销售
客单价	单位时间内，平均每位顾客购买商品的金额，也就是平均单笔交易量。	客单价=单位时间内销售总额÷单位时间顾客消费笔数。	专卖店内记录出指定时间内的顾客购买笔数，并汇总出相对应时间内的销售金额，最终计算而来。	商品结构的合理性：核心商品与辅助商品比例合适性，不同类型商品的捆绑销售、促销策略，VIP顾客对品牌的忠诚度与新品接纳度。商品陈列：搭配式陈列及陈列道具的运用等能激发顾客成套购买的欲望；<u>导购的连带销售技巧；导购对顾客深度需求的洞察，导购对顾客深度需求的引爆，导购的连带销售话术。</u>	客单价能考核出导购的连带销售意识以及连带销售话术、能力等。客单价能考核出导购的搭配技巧、顾客心理引导技巧、顾客需求探寻与挖掘技巧。
回头率	指一家店铺的回头顾客占所有进店消费顾客数量的比例。这是一个相对的概念，其中需要重要参考的指标是VIP分级后的数量。	回头率=相对时间内再次回头的顾客数量÷相对时间内总体顾客数量×100%同时也可以计算出不同级别的VIP顾客数量。他们的累计消费金额。	专卖店平时养成持续记录和统计的习惯。通过公司VIP软件的管理	影响顾客忠诚度的品牌文化。VIP管理：VIP会员招募方法、VIP会员激活方式、VIP会员奖励方式、VIP顾客数量、VIP顾客质量、VIP顾客促销活动设计与组织。<u>导购引导顾客升级为VIP的技巧。导购引导VIP再次销售的关系维护技巧。导购与VIP的关系建立与日常维护技巧。</u>	一般而言，顾客回头率越高，说明这家店的顾客满意度越高。此指标可以考核导购的VIP挖掘能力、VIP关系维护能力、VIP的管理能力等。此指标也可以看出品牌在当地的影响力、知名度、商品质量。

(续表)

名词	名词解释	计算公式	统计方法	决定因素	如何作用于销售
转介绍率	顾客将品牌、专卖店、导购、货品介绍给自己熟悉的家人、朋友、同事等认识的人。	转介绍率=指定时间内推荐品牌的顾客数量÷相对应时间内的所有顾客数量×100%	通过导购的记录。通过公司VIP软件的管理。	转介绍顾客的积分奖励。品牌文化影响力。品牌当地适应性。<u>导购与VIP顾客情感深度。</u><u>导购如何挖掘顾客的价值能力。</u>	一般而言，顾客转介绍率越高，说明这家店的顾客忠诚度越高。此指标可以考核导购的VIP挖掘能力、VIP关系维护能力、VIP的管理能力等。此指标也可以看出品牌在当地的影响力、知名度、商品质量、忠诚顾客的奖励效果。

我们的单店业绩提升要素分析表详细地为大家展示了业绩提升的各项关键要素及影响因素、计算方法、数据价值等，并对导购可控、可改善的部分的下面用横扛标注。作为导购来说，既要有系统化的业绩提升思维，又要不断完善自己所能控制的领域。

二、用"瞬间"小故事吸引顾客进店

在终端走访时发现，很多店面为吸引人气，使出各类博人眼球的方法。最常见的便是门口站两位导购人员，一边拍掌，一边吆喝："欢迎光临，五折优惠！""走过路过，千万不要错过……"这样的吆喝方式能吸引多少路人进店，真还不好判断。最有意思的当属各地的街头，经常看到一些卖低端玉器或是卖说不清楚是不是真品的紫砂壶小店。小店内打着各类醒目的打折标语，门口处放一大喇叭，喇叭里播放着一段激情的解说："好消息，好消息。我厂已倒闭，大量玉器特价处理，仅售十元，十元起！走过路过，千万不能错过，最后三天，最后三天！"听到这儿，我就乐了。真不知道"我厂倒闭"原来可以是个好消息。我还真在店门口留意过，进店的顾客还挺多。进店的人都是带着喜悦的心情进去看看是否能占点便宜。眼看着出来的顾客，花十块钱买了两个玉手镯子还真是高兴不已。事实上"我厂倒闭"只是一个"可笑的谎言"或说是"虚假的故事"，但却能吸引顾客进店。不得不说，一个故事能引发销售的可能。当然，我们的价值观和商业准则是绝不能容忍以欺骗顾客的行为存在，用这个案例只是想说明故事的重要性。

要吸引更多的顾客进店，我们会做一些促销活动。或是派单、或是拦截顾客，可是无论用哪种方法都没法让顾客停留很长的时间来听我们啰啰嗦嗦讲一大堆话。所以，让顾客进店的话术要简单、明了，吸引力强。导购要懂得瞬间抓住顾客的方法，我们总结了终端实用的五个"瞬间"小故事，用于吸引顾客进店。各位导购伙伴可以学以致用，举一反三，结合自己的品牌、商品特色进行改编。特别说明，此类方法多用于在专卖店门口处，为引导顾客进店的促销和导购所使用。

抓住顾客好奇心的故事

人人都有好奇心，好奇心使人类有了进步与发展，同样，好奇心也能成为推进终端业绩增长的销售力。在某家化妆品专柜的外面竖着这样一张牌子，上面醒目地写着："您想知道戴安娜王妃最钟爱的香水是哪款吗？您想知道戴安娜吸引情人的法宝是什么吗？请进来品鉴吧！"这个牌子吸引了好多美女驻足观看，并好奇地走进了店内去寻找戴妃神奇的魅力源于何处。这张广告牌激发了顾客回想起戴安娜王妃的世纪婚礼、浪漫往事，激发了他们的好奇心，也激起了他们渴望拥有同等魅力的意愿。我观察了一会，发现进店的顾客有大一半的人是出于好奇心。只要有顾客进店，让顾客购买的机会就会大大增加。

下面是引发顾客好奇心的进店话术范例，请在横线上用下列语言结构描述自己的产品：

◇ "姐姐，您想知道……的秘密吗？"如：姐姐，您想知道女性是如何靠信息素吸引男性而成功相亲或应聘的吗？您看看我们家的特殊香水吧。

_____

_____

◇ "×××使用的……效果……"如：美女，章子怡在戛纳电影节领奖时所带的丝巾在我们店有售，看上去精美绝伦，您进来看看吧！

_____

◇ "有……作用的××产品。"如：××品牌的空气动力汽车，燃烧空气就能使汽车发动，连比尔·盖茨都惊叹的产品，请进来观赏吧！

_____

_____

抓住顾客爱占便宜心理的故事

占便宜和买便宜货是两个概念，买便宜货是指顾客的消费实力不足，只能接受低质低价的产品。而占便宜是指让顾客感受到他所购的物品的价值超出了他所支付的价格，让他有了一种占便宜的感觉。如何在进店时，让顾客有占便宜的心理呢？

下面是激发顾客占便宜心理的进店话术范例，请在横线上用下列语言结构描述自己的产品：

◇ "美女，我们……促销活动，×××都买了多少，您不要放过哟。"如：美女，我们今天做特大促销，低至3折，全年仅此一回。好多姐姐都大丰收啦，您也抓住机会啊！

◇ "姐姐，今天赠品是……过了这个村没这个店了哟。"如：姐姐，本周购我们家的炊具满1000元，即赠送价值366元的蒸锅一个。送完为止，您看前一位阿姨都带了好几位朋友来了，您抓住机会哟。

◇ "先生，我们今天的抽奖活动是……中奖几率是……"例如：先生，我们店的电器在做抽奖活动，中奖率是100%，最高奖是现金3000元，这周已经有三位顾客抽到最高奖了，您也来试试吧。

提升品牌与顾客档次的故事

有时候导购会埋怨自己家的产品太贵，顾客接受不了。其实不然，价高的产品通常比价格低的还好做销量。恰恰那些有购买实力的人并不在意价格，他们更在意的是产品所带来的价值。如同LV名包，价格很高，随便一款就上万元，为什么这么多的顾客争相购买。在香港的海港城外，LV、GUCCI、CHANEL……每天十一点钟开店门时，顾客就已经排了好长的队伍，等待进店后疯抢。在购买时顾客常常连价格都不问，直接就叫导购统统都包起来。如果顾客只是想买一款质量好、又漂亮的包，事实上根本不需要花费过多的金钱。但顾客为什么对名牌如此追求，不惜重金购买？因为顾客要的是面子，要的是尊严，要的是和大众拉开距离的感受。作为导购来说，无论你所销售的是哪一个价位的产品，你要始终明白，人们不仅是在消费产品，更是在消费尊严，购买尊重。越贵的产品，顾客对面子的心理要求越高。

下面是提升品牌与顾客档次的进店话术范例，请在横线上用下列语言结构描述自己的产品：

◇ "这是×××（名人）特别推荐的产品。"例如：先生，这是周杰伦使用的同款手机，您进来看看吧。

_____

_____

◇ "全世界（全国）仅此一家……"例如：先生，本店在中国仅此一家，绝对尊贵！只有您一样的富豪才可享受。

_____

_____

◇ "×××亲自设计的……"例如："先生，我们店的服装是意大利最著名的设计师×××亲手设计的，他一年只做不超过10件服装，请进店看看。

_____

_____

突出品牌文化的故事

传奇的人物总有许多脍炙人口的故事，人们总是在故事里记住了他们的事迹。同样，许多著名的品牌就是将品牌进行人格化、人性化。而这些人性化的内涵使顾客对品牌产生好感，然后形成消费，而最终养成习惯。例如：海尔集团的张瑞敏砸掉质量不过关的冰箱，使消费者深信海尔是重视质量的品牌；再如CHANEL的创始人COCO女士，她的秘密情史已被拍成电影。电影中COCO的风流韵事与时装设计、香水发明紧密相连，使观看电影的女性观众们恨不得马上拥有一款COCO的香水、口红与时装，幻想着自己也是巴黎上流社会贵妇。

某日，我路过一家百货公司的香水柜台，一位帅气的外国小伙提着花篮，满脸微笑地向我走来。我被他复古的欧式打扮深深吸引。他从花篮里拿出一张精美、立体的明信片送给我。还附带了一支有芍药花花纹的铅笔。他用半生不熟的中国话对我讲："Paeonia是芍药花的拉丁文，希腊神话传说，Paeonia是位容貌姣好的仙女，众神羡慕她的美艳，将她幻化成拥有千片花瓣的花神——芍药。自此，芍药就变成了女性美丽的最佳象征。我们品牌相信每位女人都应该像盛开的芍药一样自信迷人。"他的礼物、他的故事，让我情不自禁走进这家专柜，并购买了他们的一款香水。现在家里还充满着一股迷人的芍药香味。

图 3-2

更有意思的是，有一次我去一家餐厅用餐时，发现桌面上有一本很精美、款式比较复古的小人书。书封面上写着《木匠烧白的故事》。认真读完这段烧白由来的传说故事后，我对服务员说："一定要上一份故事里提到的木匠烧白哟。"这就是故事的魅力。

产品故事创作成小人书，顾客看完后不仅印象深刻还急于购买

图3-3

下面是用品牌故事让顾客进店的话术范例，请在横线上用下列的语言结构描述自己的产品：

◇"美女，我们的品牌在历史上……"例如：女士，我们的乳酪酥油用的可是文成公主和松赞干布时的技术，已经有千年历史了，您可以进店品尝一下。

_____

_____

◇"传说用了×××，会……"例如：女士，相传带了天珠可以给您带来美好、威德和财富。您可以进来感受一下，沾沾福气也不错的。

_____

_____

能帮顾客解决问题的故事

某日陪老公从小区外的诊所走出来，老公还一手捂着刚打过针的屁股，我搀扶着老公往家走。这时路边走来一个小姑娘，手拿一叠传单，仔细一看是卖营养早餐的。小姑娘很会对症下药，对我老公讲："先生，看看我们家的营养早餐吧，可以增加免疫力，不用再打针吃药哟。"我先生还真被她热情的话语打动，拿过宣传单来看。而小姑娘转眼对我说道："姐姐，我们的营养早餐可以起到减肥的作用，我们一位顾客吃我们的早餐一个月，减了六七斤。"听到她的话，身处微胖界的我还真感兴趣。回家仔细研究了他们家的服务内容，准备找时间去他们家店里看看。

那个小姑娘还真能一句话抓住顾客的心。事实上顾客不是不愿意花钱，而是不愿意为没有价值的东西花钱，如果你能帮助顾客解决他棘手的问题，顾客再多的钱都愿意出。

下面是帮顾客解决问题的进店话术范例，请在横线上用下列语言结构描述自己的产品：

◇ "我们的产品有……的作用。"例如：女士，请进店看看我们的豆浆机，营养更丰富、操作也很方便、清洗更便捷，是许多妈妈的首选哟！

_____

_____

◇ "请进店来体验一下……吧。"例如：先生，请进店来体验一下我们的多功能按摩器吧，能够立即缓解您的颈椎病疼痛。您看里面好多顾客在体验呢！耽误不了您太久的。

_____

_____

◇ "建议您尝试……可以改善……问题。"例如：美女，女性在25岁以后胸部就会以每年两厘米的距离下垂。建议您进店尝试一下我们的调整型内衣，可以令您的胸型更美哟。好多美胸的姐姐都是我们店的常客，您进来试试吧。

_____

_____

三、巧用故事留住闲逛的顾客

专卖店里经常有一些闲逛的顾客，本来并无购买的打算，只是随便看看。对于导购热情的招呼和介绍也是充耳不闻，逛着逛着就自行离店了。对于这类顾客，导购们很伤神。怎样才能增加他们的在店时间？怎样才能增加他们对商品的兴趣？如何刺激他们购买？或者他们哪怕就是不购买，可否让本店给他们留下深刻印象呢？

辨别出目的型顾客

首先聪明的导购应该懂得如何识别出"目的型顾客"和"闲逛型顾客"。我们通过观察发现"目的型顾客，"的突出表现为：走进店面后，目光坚定，径直走到自己想要购买的货品处，主动取下货品进行观察和比较，并且寻找导购进行询问。或者是进店后主动询问导购自己想要的物品。所以，对待目的型顾客，我们接待的话术可以主动、直接一些，态度可以更热情与积极一些。如："姐姐，您想看点什么？"如果发现顾客的目光停留在某类货品上，可以直接询问："姐姐，您是想看我们的马甲还是短裤？"这时顾客会回应你："我想看看连衣裙，在正式场合穿着的，但款式要时尚一点，你们店里有吗？"导购："有的，姐姐。我们的款式比较多，您对颜色有要求吗？"简单的几句对话，就可以进入到销售的主题上了。这样顺理成章的销售对于很多导购来说是轻车熟路，并不是销售中的难点。数据统计显示，到店内闲逛的顾客占到70%以上，他们中间有的是因为心情不好，有的是为了打发时间。面对这样的顾客，许多导购就犯难了。难道接待这样的顾客就是在浪费时间吗？答案是否定的。事实上，他们在发现自己喜欢的产品后，仍然有购买的可能。

如果导购在终端店面一眼就能判断出哪些是目的型顾客，哪些是闲逛型顾客，基本就算是出师了。我们来看看闲逛型的顾客都有哪些表现吧。

通常闲逛型的顾客的身体语言为：目光游离，走路缓慢。如果是二三人成行，大家也是谈笑风生，并不太在意身边的货品。

此时导购如果过于热情只会让顾客心生反感，加快顾客离店的时间。因此，不要太急于与顾客攀谈，更不能主动推荐产品。甚至第一句与顾客如何开始也尤为重要。

导购对闲逛型顾客禁忌说的三句话：

(1)"您好，请问想看点什么？"一遇见顾客就问"买什么"，顾客立刻会产生防范心理，整个人就像是竖着刺的刺猬一样，要么凶巴巴的，要么立即选择离开。

(2)"您好，欢迎光临，请随便看看！"这样的问候语，我们在终端见得最多。导购们还真不知道自己到底说错了什么。事实上，从心理学的角度来说，这句话给了顾客不良的引导，"随便看看"是什么意思？就是在暗示顾客看完就走，不需要购买。

(3)"您好，喜欢的话就试穿哟。"这句话看着也没问题吧，可是语气和内容都太过平淡，顾客如果喜欢自然会考虑试穿，这句话纯属废话，没有给顾客传递有效的信息，更拉不近与顾客的距离。

对于闲逛型的顾客我们除了话术以外，还要配合一些道具。就像是舞台上除了演员还需要灯光、道具、音响。给顾客倒上一杯热水、请顾客入座、给顾客欣赏我们新品的手册，都能够起到增加顾客留店时间、让顾客对我们店产生好感的作用。

第一步：打消顾客的防备心理

如果一上来就问顾客买什么，顾客一定会产生抵触情绪。所以，导购要先打消顾客的防备心理，拉近与顾客的距离。导购可以抓住顾客的好奇心刺激顾客。

例如：

导购："姐姐，您好。欢迎光临××品牌（请注意这里一定要突出品牌的名称，即使顾客不买，也会对品牌产生深刻的印象，说不定下次还会光顾），您可以坐下来慢慢看我们新到的货品画册，买不买没关系，就当是打发时间吧。画册上还有我们代言人张柏芝和谢霆锋感情的最新报道呢。"（用猎奇的心理刺激顾客，并缓解顾客的压力，强调买不买没关系。但要注意的是，我们的真实目的肯定是最终让顾客消费，或许不是这次，但一定是下次）

顾客："是吧！那我坐下来看看，反正也没事。"（只要顾客坐下了，就有机会，关键的是要顾客坐下来）

导购："那行，我给您倒杯水，您逛街累了，也正好坐坐。"（导购此时可以热情、主动一些，用服务去打动顾客。有时候顾客会因为导购的一个令人感动的细节而产生购买行为）

顾客："那真麻烦你啊。"

导购："哪里，姐姐进店是我们的荣幸。您请看画册，您看张柏芝这期被狗仔拍到时居然穿的是我们家的服装。"（将故事呈献给顾客，但一定要注意故事必须和品牌挂钩，所以终端与销售有关的道具越多越好，越深入顾客的内心越好）

顾客："真的吗？呵呵，我看看啊。"（导购激发了顾客的猎奇心理）

导购："姐，您气质也不错，穿上也不比她差呀。"（建立信任关系后，导购开始赞美加推荐）

顾客："呵呵，是吗？那我先看看啊，如果合适，我再试一下。"（达到了顾客主动试穿的目的）

第二步：适度挖掘顾客的需求

如果没有太多的销售工具，我们也可以通过语言引导让顾客了解产品。导购可以简单地在顾客闲逛时介绍产品的特色、系列、风格、功能等，说不定能引发顾客的兴趣，或者让顾客对品牌产生美好的印象。

例如：

导购："姐姐，您买不买没关系，可以了解一下我们品牌的风格定位，有需要时也可以光顾我们××品牌。"（任何时候都要突出品牌的名称）

顾客："是的，我就是觉得你们家衣服的风格蛮有特色的。"

导购："姐姐，我们××品牌的服装走的是波西米亚风格路线，波西米亚人追求自由自在的生活，他们在浪迹天涯的旅途中形成了自己的生活哲学和文化风格。我们在服装中大胆地呈现了波西米亚人服饰中的元素，包括：流苏、褶皱、大摆裙。穿着在身上很有自由洒脱、热情奔放的感觉。"（用美丽的文化打动顾客，导购在表述时一定要真诚、热情，并且饱含感情色彩）

顾客："你们的服装真的好美，但是我穿上会不会太大胆了？我担心自己不适合。"

导购："姐姐，我们的服装并不适合工作时候穿着。我看您的打扮比较职业化，一定是职业女性。虽然工作对我们来说很重要，但是生活是属于我们自己的，我们要为自己的生活添一份色彩。周末聚会、休闲时我们完全可以换一种衣着风格，也同时会换一份心情，甚至是换一种人生的态度。一生中总要感受一次随性、随心的感觉吧。我们的服装一定可以给您带来随性自在的好心情，您说是吧？我建议您可以试试我们今夏系列的'浪漫流苏'这条连衣裙，我觉得很配您的气质。我带您试试吧。"（在介绍完产品后，也要选择出顾客适合的产品，建议顾客试衣。一切要做得水到渠成，自然到位，而不是强迫性的推荐。既让顾客喜欢品牌，又让顾客接受产品）

顾客："这款适合我吗？"

导购："您买不买随性，但给自己一次机会吧。"（适度给顾客解压，可以加上一些身体语言：一手亲切的轻拍顾客的后背，一手五指并拢指向试衣间的位置）

顾客开心地走进了试衣间。

这个案例中，顾客本没有试衣的打算，却被导购的产品风格故事打动，并从故事中明白了做人可以是多面性的，也可以是多元化的，生活其实可以有很多面。所以，顾客接受观点也是从故事开始的。作为一名导购，你对每一季的产品风格了解吗？产品的风格背后有哪些故事呢？

第三步：观察顾客的购买动机

"欲擒故纵"也是不错的销售策略，最开始的时候不用刻意打扰顾客。如果判断出闲逛的顾客表现出购买的动机时，就不能错过这个最佳的时机。千万不要出现顾客抬头不见导购，叫也找不着人的悲催事件！我们一起来看看顾客产生购买动机的六大信号。

（1）顾客触摸货品。顾客看到服装后，触摸商品，感受材质，或者拿在身上比试，初步判断一下色彩、款式是否适合自己。（导购此时千万不要说"贵重商品、请勿触摸！"此话一出，基本把顾客的心打入十层地狱，再好的商品也不会再引起顾客的兴趣了）

（2）顾客一直打量某一个货品。顾客对某款货品产生兴趣，进入到了联想的阶段。

(3) 顾客突然扬起脸来。这时候顾客是在寻找导购,希望有人能协助他购物,向他讲述更多的产品信息。

(4) 顾客眼睛一亮。"欲擒故纵"的策略并非对顾客不闻不问,而是在一旁观察顾客的表现,观察顾客一些细微的表情变化。如果发现顾客浏览货品,突然眼前一亮,说明他对这款商品感兴趣了。

(5) 顾客与导购四目相对。不用说,顾客在寻找专业人士,导购可要跑快点哟。

(6) 其他的个性化行为。有的顾客可能直接就走去试衣间了,有的顾客自言自语:"这件挺不错哟",或者二人成行的顾客开始议论某款产品。

当发现顾客有上述类似行为时,导购可以判定,可以进入到向顾客积极、热情介绍的阶段了。

四、顾客不试穿,故事来帮忙

权威机构调查获得的数据证明,80%的顾客是因为体验了服装后才做出购买决定的。因此,试穿是成交的重要且必经的环节。

顾客望着"貌似心仪"的衣服却没有去试衣间的冲动,最后默默离开卖场。导购们明明感觉顾客是喜爱这件衣服的,为什么放弃尝试的机会呢?这就如同一个男人面对心爱的女孩最后还是选择了做"逃兵",结果令人唏嘘、感叹。在我们用故事去"感动与感化"顾客之前,我们先要搞明白,是什么原因导致了顾客在试衣前流失的呢?

顾客不试衣的常见表现:

A. 表情痛苦:这个月购衣计划已经超支,淡定,淡定。一定要控制住自己的欲望!

导购要善于观察顾客的表情

图 3-4

B．看价格牌：价格太贵了，算了，别试啦。

C．麻木的表情：今天只是随便看看，试衣服太麻烦了吧。

D．困惑的表情：很漂亮，可是适合我吗？

在观察了顾客的表情并询问顾客不想进试衣间的困惑后，故事就该登场了。

情景再现：A类——自我控制型顾客

针对自我控制型顾客，讲故事的目的是让顾客认为自己不是在乱花钱，而是在变换一种心情。同时，试衣服是不需要花钱的，不喜欢也可以不买。一旦美女试衣，事情的结果通常是：有几位美眉受得了将美丽又适合自己的衣服归还给店家呢？自然要带回家的！

顾客："哎，算了。本月已经超支。还是不要试了，试了喜欢就又要乱花钱了。"

导购："美女姐姐，其实我能理解您的心情。每个女孩都有乱花钱的时候。（先要肯定顾客，顾客才能接受导购接下来的建议。如果一开始就否定顾客，顾客会反驳导购的意见）特别是像您这样身材好的顾客，穿什么衣服都容易出效果，当然会有忍不住花钱的冲动。"（顾客会心地笑笑，很认同导购对自己的肯定）。

顾客："是呀，我还是控制一下吧。先看看，今天不买。"

导购："（故事在铺垫后开始了）美女姐姐，上次也有位姐姐和您一样，觉得自己本月已经买了好多喜欢的衣服了。于是就没有去试我们店当季的一款'晚礼服'，她当时也说超级喜欢的。结果，上次来我们店的时候，告诉我她后悔死啦。你知道为什么吗？"（通过提问的方式和顾客互动，顾客会很投入地听接下来的故事）

顾客："为什么？因为没有了吗？"

导购："不是因为没了。那位美女姐姐是一名总经理助理。周四晚上突然收到公司的通知，让她周五去机场接一位重要的客人，然后再陪同客人参加一个鸡尾酒派对。她后悔当时没有买我们店那家晚礼服。不然，她在那天一定会是焦点，还能给客人留下完美的印象。听说那次酒会有好多未婚帅哥呢，呵呵。其实人生有很多突然的际遇，我们都说不清楚。如果喜欢这件衣服，您就试试。试试又不需要花费一分钱，还能帮您换种心情，您说是吧？"

顾客："呵呵，那我就带上这件去换个心情吧。"

温馨提示：在讲述美女顾客因没有买到衣服而后悔这件故事时，其语音语调要表现出遗憾和后悔，不能只是傻笑哟！

情景再现：B类——对价格在意的顾客

顾客："这件衬衫要3000多块，太贵了吧！"

导购："姐，是的，3000多块是比较贵。"（导购首先要肯定顾客，不要一来就否定顾客的观点。如果一来就否定顾客，顾客自然会抵触你接下来的观点）

顾客："是呀，我看其他的品牌才300多块。"（听到顾客的比较，导购千万不要露出嘲笑或冷笑的表情）

导购："是的，姐，我们××品牌的服装价格的确高一些。贵是有原因的。您看我们服装的面料是意大利进口顶级面料。您知道吗？这样的面料在制作过程中会经过专业冷烫技术处理，经过二十多道严格监管的工序。在制作过程中出现任何色泽上的细微偏差或是有一点点的细小瑕疵，认真负责的意大利技师都会对这段面料进行报废处理，从而保证您看到的成衣用的是完美无瑕的面料。这些面料可以保障您的衣服无论洗涤多少次，不变色，不变形，永保色彩艳丽。这都不是一般面料可以比拟的呀！"（导购要明白，顾客所购的不是价格，而是价值，所以尽可能向顾客讲述产品的价值在哪里。制作工艺也是凸显品牌特色的好故事）

顾客："嗯，你们的面料优秀这点我认同，可是一件要3000多块也太贵了！"（顾客的回应说明她已经认同了面料，接下来更要让她心服口服）

导购："对的，如果仅仅只是因为面料，也许价格会相对便宜一些。姐姐，您还要看品牌的设计。今春的衬衫是世界知名服装设计师马丁先生设计的，您也知道马丁所设计的时装都是好莱坞女明星们的最爱，像瑞茜·威瑟斯彭、卡梅伦·迪亚兹、詹妮弗·安妮斯顿都是他的粉丝，王菲也经常穿他的时装呢。他的设计时尚、大方，结合自然的元素。您所喜爱的这款衬衫最突出的设计亮点，就是来源于马丁先生的地球灵感，所以袖口处的圆形处理非常的巧妙，象征着地球人居住的地球村，呼吁我们热爱大自然，热爱地球。"（艺术是无价的，让顾客通过设计师的故事感觉到她所选择的不仅是一套服装，更是一种艺术、美感，和人生态度）

顾客："嗯，他的设计，我也是非常喜爱的。"

导购："姐姐，所以我们品牌呈现的美可是既有外在，又有内在的。或者说我们设计师的灵感更是无价的。您不妨感觉一下马丁今夏的魅力。"（不要忘记，在水到渠成时，让顾客进试衣间哟）

顾客："行，那我试试吧。"（顾客不是单纯地在意价格，更渴望感受到商品的内在品质和价值）

情景再现：C类——怕试衣麻烦的顾客

顾客："大冬天的穿这么多衣服，还要脱了试穿，太麻烦了！"（对于怕麻烦的顾客，有可能是导购所推荐的服装不是顾客中意的，或者说导购没有找到一个让顾客试穿的合理理由）

导购："是的，姐姐，脱这么多衣服是比较麻烦。（还是先肯定顾客，千万不要说"不麻烦，一点儿都不麻烦！"，顾客听到了反而心生反感）不过，姐姐，我们现在在做试穿有礼活动。今天在我们店试穿内衣的顾客可以获得由我们品牌提供的棉袜一双。姐姐您看这双棉袜保暖效果好，不仅您可以穿，家人也可以穿。刚才一位阿姨试穿了，虽然没有买我们的内衣，但是选了一双自己非常喜欢的棉袜，她很开心。"（给顾客一个试穿的理由，同时，缓解顾客的压力，讲述其他顾客占到便宜的故事）

情景再现：D类——担心服装不适合自己的顾客

顾客："哎呀，这件看上去太简单了吧。"（导购必须明白，服装的视觉感受和穿在身上的整体效果，会有着很大的差异。而我们就是要说服顾客去感受服装穿在身上的效果）

导购："姐姐，您正好说到了我们这件服装的特色。这件衣服的整体感觉就是简约而不简单。虽然觉得它看上去简单，但由于它的做工精细、面料考究、版型好，所以，上身效果很有大牌的感觉。其实您可以留意一下每天晚上《法制在线》栏目的主持人白灵。她最近就是穿的这件，因为这件的感觉正式、大牌、端庄，属于低调中的奢华系列。您刚才说要买一件在公司做汇报时穿着，经过我的专业判断，这件就非常适合您。您试试吧，我保证您不会后悔。"（导购要说明服装带给顾客的价值，同时列举类似的案例。在向顾客保证时，一定要语气坚定，态度诚恳）

五、让不想购物的顾客买单

人都有自己的价值观，价值观就是人对客观事物的认知，包括对人、事、物的态度，它对人的一生起着决定性的指导作用。比如说一件衣服非常漂亮、性感，价格是2000元，即使是相同收入水平的人，也可能会有不同的判断。有的人会认为："这件衣服多美啊，它能突出我的性感。人就是要向外界展示自己的美丽。"而另一个人却认为："这不是价格的问题，那么暴露，太丢人了，一定是作风有问题的人才穿。"看看，由于价值观不同，针对相同的事物得出的判断截然相反。人的价值观就是判断事物价值的标准，顾客的价值观直接决定着他的消费观。顾客决定是否购买时，消费观起着决定性的作用。如果顾客认为这一商品的消费对于他来说很有价值与意义，就会舍得投入。如果顾客认为这是一种浪费行为，就一定不会买单。对于一些产品，尤其是单价比较高的，功能性比较强的，属于新生代事物的，导购要通过改变顾客的消费观点，激发顾客的购买意愿，并最终形成订单。

改变顾客价值观与消费观的案例

功能型塑身衣的介绍场景：

顾客："这件塑身内衣会不会太紧了点呀？穿上感觉有点勒！"

导购："是的，姐姐，传统文胸的确要舒适些，但塑形效果就没有了。"

顾客："不习惯呀，我都穿惯宽大的啦。"

导购："姐姐，就是您平时内衣选择有问题，没有找到自己适合的码数。才使自己的身材任意发展，最终而变形了。姐姐，您想想，家里是不是好多以前能穿的漂亮衣服都上不了身了呀？"（引发顾客思考）

顾客："是呀，长胖啦。"

导购："所以说呢，姐姐，为什么叫'管理好自己的身材呢'，因为管理的过程中肯定是有付出的。姐姐您想想，如果您通过我们的调整与纠正恢复到以前的小号身材了，穿衣服也漂亮了，以前的衣服都能穿回来了。自信和魅力都随之而来，老公也更爱您了，您说多开心呀。做女人嘛，就是美丽身材带来美丽心情，您说对吧？"（人是活在希望当中的，导购要启发顾客对美好生活的想象）

顾客："是呀，要是那些小号的衣服都能穿回来，真是做梦都能笑醒。可是你看，你们的价格还是挺贵的啊，我回去和老公商量一下吧。"（顾客接受了理念，但是仍有价格上的异议，说明顾客对产品的追求还不够强烈，导购要进一步让顾客对产品产生强烈的获取欲望）

导购："姐姐，您真是贤内助，买内衣还要征求老公的意见。您看您老公又从来不穿内衣，您跟他有啥好商量的。您跟他商量，他只会说内衣穿里面有必要那么好吗？可是，您知道吗？男人都是视觉动物，他们走出去，还不都往年轻、漂亮、身材好的女性身上多看两眼呀？您要是把自己打扮漂亮了，身材靓丽了，老公还不每天屁颠颠的跟在您后面转呀。您想想，要是老公因为咱们身材变形而变心了，那才得不偿失呢。姐姐，做女人要对自己好一点哟。"（通过引导打消顾客的顾虑，让顾客坚定信念：自己的人生自己主宰）

顾客："哎……"

顾客长叹一口气。（观察顾客，如果顾客已经进入到容易被说服的阶段，就再加大火力。如果顾客表示出反感，就适可而止）

导购："是呀，姐姐。您看我在这家店做导购都三年多了。接待过好多中年女性顾客，他们中好多是我的回头客，对我很信任的。觉得我推荐的产品有效，都把我当朋友。里面不乏有一些姐姐和老公的关系处理得不是很好。他们因为生育、中年发胖等原因而忽视了自己的身材。年轻的时候都很漂亮，可是人到中年就慢慢发福了。虽然她们都是一顶一的好老婆、好妈妈，把所有的爱给了老公、给了小

第三章
讲故事的十三个重要场景

孩,却忽视了对自己的打扮。给老公、小孩买衣服很舍得,对自己却相当吝啬,把老公打扮成国王,把小孩打扮成王子、公主,自己却装扮得像位仆人。您想呀,国王和仆人怎么会有完美的爱情呢?国王肯定是会去找自己对等地位的人吧。于是,老公在外面就有了情人。想起来,做女人还真不容易呀!所以,女人自己不爱自己,谁来关心我们?"(导购的一席话都是站在顾客的角度帮助顾客重塑人生观,相信对于这些观念,只要是女人都是接受的。只是可能从来没有人对她讲过这番话。我们在向顾客讲故事时,不一定要是一个完善的故事,哪怕是一种隐喻也是可以说明问题的)

顾客:"是呀,我们这个年龄的人,这些事也见得多了。"(顾客多少会有些伤感)

导购:"所以,姐姐,女人就两件东西属于自己,一是健康,无人能替代。有的姐姐说孩子是自己的,其实孩子大了,都是要飞的。有的人说老公是自己的。其实老公这个事还真不好说。姐姐,只有我们自己花出去的钱才是自己的。我们辛辛苦苦把钱存银行,还真不知道到最后是谁在那里享受了呢?"(再次建立顾客的消费观)

顾客:"哎,真是呀。"(顾客已经渐进角色,导购要引导顾客的关注点到产品上)

导购:"姐姐,借用现在流行的说话,女人不狠,地位不稳。咱们真的要狠一点哟。狠狠对自己好一点。您看我收入不高吧,我买自己喜欢的东西时一点都不会犹豫。姐姐,您的条件真不是该只在意价格的时候了。辛苦了半辈子,好好享受人生才对呀。身材好看了,自己心情也会好很多。咱们要为自己活一回,是不是?"

顾客:"是呀,真心爱自己才是关键。行吧,我今天就买一套了。回头效果好,我再买一件!不管老公怎么说,先爱自己才对。"

职业化的导购不仅是在销售产品，更是在引导顾客重塑人生观、价值观、消费观。如果顾客因为和你的接触不仅购买了产品，还重塑了幸福的人生，才是你职业生涯中光辉的一笔。如果顾客因为购买了你推荐的产品而解决了问题，开创了新的生活，那真是功德无量的一件事。优秀的导购有时更像是顾客的顾问，帮助顾客在黑暗中找到光明。

引导顾客价值观、消费观时的一些禁忌

我们在引导顾客的价值观与消费观时，要注意以下几点：

(1) 不要一上来就说教顾客，没有人愿意听别人的教训。少用一些教训顾客的说法，如：

"你必须……要不然你会……""你应该……否则你会……"这样的强硬表述方式，会让顾客与我们对立。

(2) 对于某些比较尖锐的观点，不要一上来就刺激顾客，要分场合和地点。不然顾客会立即掉头走人，甚至还可能会引发矛盾，甚至冲突。我就遇到一位销售调整型内衣的终端导购，语言过于激进，还没有和顾客建立起信任就莽撞地表达自己的观点。一位女士和先生进店，这位没有经验的导购立即对女士说："姐姐，女人的胸型决定着老公的心情。您看，您的胸部偏小，又外扩。一定要调整一下哟。不然，老公跑掉可就惨啦！"当时那位女士一听，整个脸就红了，恨不得找个地缝往下钻。而她的老公听到就更生气了：当着我的面，说我媳妇胸部有问题，太不给我面子了。还说我会出轨，真是可恶！那位老公当时就拉黑了脸，冲着导购就嚷："你有胆再说一遍！你再说一遍试试！"可怜的导购当时就吓哭了。心想：我真是好心得不到好报呀，为你俩好呢，你们还不领情。导购殊不知自己是说得不是时候，说得不是地方，说得不够巧妙。

(3) 有些观念不是一次引导就足够，对顾客要有耐心。人的习惯养成平均需要持续21天，而人的观念更新需要平均被强化6次。所以，可能一次改变不了顾客的观念，但如果我们和顾客建立了的长期联系。我们就能通过不同的渠道，用不同的方式去影响他。

比如，顾客以往都穿传统型文胸，我们希望她能接受调整型文胸。我们与她面对面交流了一次，可能她一时接受不了。但如果我们留下了顾客的手机，我们也可以通过发短信的方式改变她的观念。比如说周末时，顾客收到一条短信："美女，周末了，休息一下，犒劳一下自己哟。调整型内衣能更好地帮您收拢副乳，调整胸形，形成S型的曲线美。做女人要对自己好一点。期待亲的光临。"这位顾客可能看到后，觉得有点感觉。但还是没到店里来的冲动。再过了一周，我们又送去一条短信："姐姐，权威机构证明，有60%的女性是因为穿错内衣而引发乳腺炎或乳腺癌的。保护女士胸部从选择安全、健康的调整型内衣开始。××品牌期待您的关临。"你不要以为这些短信是浪费，兴许这位顾客已经有点动心了，只是还不够刺激她马上行动。第三周，短信又送到了："姐姐，四月、五月不减肥，全年徒伤悲。××调整型内衣，不吃药、不打针、健康调理又瘦身，进店有礼哟。"这位顾客已经对我们的品牌有了深刻的印象。突然有一天，她或许是发现了自己的副乳已经突出了，或许是她见身边的朋友有乳腺炎了，或者是她出席活动的时候才发现自己的身材已经架不住衣服了。于是，突然一个刺激点就引发了她的行动。而这时，你的观念引导短信正好成了她一剂良好的解药，真是水到渠成，恰到好处！

六、用联想性的故事促进连带销售

优秀的导购一定是"永远不会放过顾客"的导购，这样的导购绝对不只是卖场的"库管员"。聪明的导购会通过服装搭配的方式或者说服引导的方法来创造二次消费，创造高客单价、连单率。顾客路过橱窗时，被橱窗里模特所穿的一条裤子所吸引，便走进店内进行试穿，试穿后很喜欢便买下了。这样的导购是优秀的吗？不是，这样的导购最多给50分，连及格都达不到。顾客通过橱窗被吸引进店的成果与导购无关。自己拿喜欢的裤子去试，然后满意后购物，从头到尾，导购没有创造任何价值。换任何一个人都可以达成这笔销售，导购无非是扮演了"仓库保管员"的角色而已。真正优秀的导购一定擅长不断地挖掘顾客的潜在需求，并提升连带销售量。同样的情景，我们看看优秀的导购是怎么做的。

顾客："橱窗里的裤子看上去挺不错的，拿给我试试吧。"（顾客已经有了明确的意愿）

导购："女士，您真有眼光。这条裤子是我们秋冬的新款，也是今年最流行的款式。"（赞美与肯定顾客的眼光）

顾客："是的，感觉裤型很修身，既可外穿，也可以做打底裤用。

导购："女士，您真懂得搭配的技巧。其实选我们这款紧身裤的顾客都是这样想的。您看这条裤子主要以黑色和格纹黄色方块为主，如果您再配上一件我们今秋新款的羊绒外套，整体上感觉会非常时尚的。"（导购对自己店面的货品搭配要做到心中有数，并且尝试搭配出不同的美感）

顾客："可是类似质量和色彩的羊绒外套，我已经有一件了。我就是来搭配一条裤子的。"

导购："女士，您选这条裤子的确是很有眼光。如果您羊绒外套已经有了，您也可以上身穿我们这款黑色蕾丝的打底内衣。"（导购要懂得搭配的多样化，同时，不轻易放过任何一个机会。既不让顾客感觉你在生硬地推销，又让顾客觉得你是站在他的角度考虑问题）

第三章 讲故事的十三个重要场景

顾客:"暂时没想到要买哟。"

导购:"没事,您反正是要试这条裤子,先搭配这件上衣,看看整体效果。"(给顾客一个穿上去的理由。当顾客穿上时,效果就出来了,机会就有了。如果顾客不试穿,一切都是白费)

顾客:"好吧。"

……

顾客走出试衣间,对着镜子左右摆动。(特别注意!这个阶段是顾客审视服装是否适合自己的关键时期,如果这个阶段能引发顾客的联想,会很好地促进成交)

导购:"女士,您看看整体的效果,非常修身吧。上身是黑色的蕾丝打底,裤子是紧身的芭芭莉纹路。您的身材真是前凸后翘,很吸引人。我要是男性都会多看两眼。"(导购讲这番赞美的话时,一定要态度真诚。如果客户长得丰满,赞美过于夸张,反而令顾客生气)

顾客:"是吗?"(顾客有时候需要导购再次坚定的回应,才能促进她下定决心购买)

导购:"女士,您看秋天是气候变化较快的季节,早晚两头冷,中间热。穿着是很不好将就的。如果您走进房间,您就可以将羊绒外套脱掉,穿打底的内衣。走出房间您又可以把外套套上,一天可以穿出多种花样。请看我们墙上的这组照片,是我的一位老顾客在枫叶落满地的大道上拍的。她就是搭配的这条裤子、打底内衣和我们店这件外套照的。她特别喜欢这套照片。您想想,您如果穿上这套服装在我们明孝陵的枫叶道上照上一组该有多美呀。再说,这两件是百搭款,搭配其他的也不错。"(通过联想性的故事,让顾客感受到连带搭配带来的美好生活)

顾客:"是不错哟,但是打底内衣和裤子配有点单调。"

导购："是的，女士。您之所以感觉到单调是因为还没有搭配配饰。如果您不加外套可以搭配我们这条新款的黄色皮带，整体的感觉会突出腰部的亮点。其实我们搭配服装也是要突出某一个细节的。有时候就是细节上的亮点使整体搭配更加生动。"（导购一边引导，一边有所动作。边说边将产品搭配在顾客身上）

顾客："那如果我穿外套呢？"

导购："如果您套上外套，皮带也不会显得突兀，若隐若现，整体视觉效果很时尚。您可再配上我们的外套试试。如果加上外套，我建议您也可以搭配一款秋季的加长项链，很符合您的气质，您戴上试试。"（导购这点很不错，持续推荐新品，即使顾客之前已经拒绝过，但仍选择其他方式让顾客将衣服穿上身）

顾客终于按导购所搭配的方式将打底内衣、打底裤、外套、皮带、项链整体进行了试穿。

顾客："哎呀，一不小心选这么多，一共要多少钱呀？"

导购："外套您也加上吧，您看您一身上下，整体效果多好呀。我要是有您这么好的身材，我也全套拿下了。我们的外套，其他品牌即使有相同款，也只是类似，在版型上还是有差别的。特别是花形，我们的羊绒外套花形是独家的。"（导购突出产品的唯一性，将价格异议放到最后，在没有突出完产品价值时，不要过早地抬出价格）

顾客："全部买打几折？"

导购："女士，您请看我们老客户的记录。今天一位女士也是买了我们家品牌6000多元的产品，都没有折扣的，但可以积分。我们VIP顾客积分可以在生日当天获赠我们品牌价值688元的丝巾一条。您今天的消费已经达到了我们品牌单次销售办理VIP的标准。我可以给您积分，您生日的时候，给您预留一条丝巾。"（导购熟记品牌的回馈活动）

顾客："哎，我真是浪费呀。每次看到喜欢的就忍不住。我还是控制一下吧。"

导购："女士，您今天所选的所有物品都是可以和其他服装搭配的，您可以玩转自己的衣柜和饰品。下周，我们店专程邀请了知名的服装搭配专家小R老师，讲授服装搭配技巧。您已经是我们的VIP了，我给您发邀请函吧，请您来参加。"（导购懂得随时宣传品牌的相关活动，品牌活动也是提升品牌形象的重要环节）

顾客："好呀，这个技巧太重要了，谢谢啦。"

顾客心满意足地买下了搭配的服装和饰品，还觉得自己获得了很多的实惠。这位导购也获得了当天最高客单价奖，真是皆大欢喜！

七、用故事"收买"顾客同伴的心

顾客的同伴在购物的过程中扮演着"说服者"的角色。也许不是同伴付款，但往往同伴一句话会直接影响销售的结果。在销售中我们常常发现，老公和老婆一起购物，穿衣服的是老公，花钱的是老婆，起决定性作用的可能是老婆。再则，母女俩购物，买衣服的是女儿，花钱的是老妈，做决定时老妈也起到关键作用。两位女性朋友购物，花钱和穿衣的都不是同伴，而只要同伴一句"好难看呀！"这单生意就黄了。所以，同伴的作用不可小看。聪明的导购自然会将"同伴"变自己的"协同者"，而非"敌对者"。

为自己树敌的糟糕导购

夫妻二人进店，太太指着一条连衣裙对丈夫说："老公，这件超好看，我想试试。"

老公平淡地回应："哪里好看嘛？"

老婆积极争取："上面的英文字母很有个性。"

老公有点没好气："英文都搞不懂，你还喜欢字母。"

一时间，气氛有点尴尬。

导购："先生，这就是您不懂了，现在流行字母款，很多时尚的大牌服装都有字母款的。"（导购的话肯定会让顾客动怒，原因很简单，这句话相当于直诉顾客无知）

老公："你是指我老土？"

导购："我哪里是说您老土啊，我是想说其实那件衣服真的好漂亮、好洋气的。"（这样的表达也一点没有说服力。每个人的审美不同，对美的理解有差异。你不能生硬地让顾客接受你的观点）

老公："我刚才已经说了，那件不好看。你啥意思？我审美有问题吗？"

导购也有些控制不住自己的情绪了："哎呀，先生，萝卜白菜各有所爱。您看您说的，人家大牌时装都是这样的，偏您觉得难看。您看您太太她自己也喜欢呀！"（天啦，这位导购基本是在挑拨顾客之间的矛盾了）

老公："走，咱不在这家大牌店买，个个都是崇洋媚外的人。"

老婆一脸无奈，只得和老公一起离开。

上述案例中，导购完全没有将"先生"转变为自己的协同者，而是为自己树了一个敌人。错就错在导购缺乏对"同伴"重要性的认知，又不知道如何肯定同伴、引导同伴，对同伴顾客没有任何的应对策略。

应对"顾客同伴"的四步策略

"顾客同伴"如何应对,我们先要学会识别同伴在销售过程中的作用。有的同伴仅仅只是跟随,但不发表太多意见,起不了太多的作用。即使是被征求意见,这类同伴也只是简单地正面回应:"都好,你喜欢就行。"这类同伴是导购的贴心人士。遇到善意良多的同伴,导购做好安抚工作就好。可以让同伴入座、喝水、看杂志,让他不要太急于催促顾客,只要他不给销售"添乱"就好。

对于能在销售中起到主力作用的同伴,导购可以使用"顾客同伴四步策略法":认同→引导→感化→协同。

四步策略使用前的注意事项:

(1)导购要学会观察。顾客的同伴越多,问题就越严重。七嘴八舌的可能会让你应接不暇,顾客本人也很难做出决定。遇到这类情况,要先观察出谁是"第一同伴",也就是说同伴中最关键的那个人。通常"第一同伴"表现出来的特点是"话比较多、动作比较夸张、像一个团队中的大姐大,众人比较喜欢听取他的意见"。

(2)故事的运用。通常在引导或感化的环节使用得相对比较多,其他环节可以根据情况进行调整。

(3)对于"顾客同伴"可以使用提问引导的方式,让他表达出自己的观点,并顺势借力。

(4)对于故意捣乱的"顾客同伴",也要有礼有节,不要受顾客的情绪影响。

(5)遇到刁难的"顾客同伴",即使不能成交,也要留个让他们再次回头的机会。比如对顾客说:"没事,您比较一下也好。如果觉得我们××品牌好,就再回来找我哟。"千万不要把路堵死了,说些让人永不回头的话。比如说："你去比较吧，我才不相信，你能找到比我们家好的。"

应对"顾客同伴"四步策略案例解析

下午专卖店里来了两位女性顾客，其中一位年轻的女士想买一件羽绒服，在北方出差时穿着。另而一位年龄较大的女士应该是她的朋友，陪她一起选购。导购在初步沟通中，了解了她的需求，便给她推荐了一款大红色的中长款羽绒服。

年轻女士穿上后问同伴："张姐，你看这件咋样？"

张姐："哎呀，小李。这件难看死了，这红得太难看了。咱们去其他店看看。"

小李："是吗？张姐，好像是呀。"（此时，顾客小李就算是喜欢这件衣服，也会碍于对张姐的尊重或是情面而不再接受这件产品）

第一步：认同。导购先认同顾客的观点，建立起信任关系。

导购："姐姐，您先别急，咱们款式比较多。一定有你们中意的。张姐这么有经验，一定可以给你专业的参考意见。如果觉得红色太艳丽，可能觉得和你的肤色不太相称。那看看其他是否有你们合意的颜色呢？"（导购认同了张姐的建议，而不是一上来就否定她，这样更容易建立信任）

张姐："她个头小，皮肤比较偏黄，大红色感觉架不住。看给她选个白色的、浅色亮色的就行。"（只要顾客能说出需求，就离成功不远了）

第二步：引导。不仅要引导顾客说出需求，还要引导他接受观点。

导购："这个建议不错，那二位看看这件白色的如何？"

第三章 讲故事的十三个重要场景

小李:"我试试吧。"

小李穿上后,张姐又表示出了意见。

张姐:"哎呀,要不得,这件不好。"

导购:"张姐,您觉得哪儿不好?"(导购要善于通过提问挖掘顾客的需求)

张姐:"这款白色色彩可以,但是那么薄,能御寒吗?"

导购:"张姐,您考虑得真周到。这点您放心,现在很多顾客反映羽绒服太厚了,显得修身感不强,不能显身材。我们已经改良了内部的羽绒材料,现在的新形面料是既轻薄,又修身,保暖效果是一样的,甚至比厚的还好。"(引导顾客接受产品,并说明产品产生效果的原因与带给顾客的价值)

小李:"是呀,我觉得这款比刚才厚的那款还要暖和些。"

第三步:感化。通过导购的故事和行动感动顾客。

导购:"您的感觉是正确的,新型面料的效果就是这样的,轻薄又温暖。"

张姐:"哎哟,虽说这点不错,可是你知道吗?我们刚才去的那家买一件羽绒服还送一条围巾呢,你们啥赠品都没有。你看我们小李出差吧,如果穿上一件羽绒服再配条围巾多好呀。围巾钱咱们也省了,是吧小李?"

小李:"嗯,对对对,你们再送条围巾吧。"

导购:"张姐,您真是一位贴心的好大姐。我要是有您这样一位好朋友,好大姐,就太幸福了。这样吧,咱们店里的围巾价格比较高,肯定是送不出来的。您既然买了我们家的羽绒服,就是对我工作的最大支持。我肯定是要回馈我的老顾客的。这样吧,我自己会织围巾的，我冬天都要亲手为我的女儿、老公、公公、婆婆、爸爸妈妈织几条呢，他们可喜欢我织的款式了。去年我女儿带我织的一条粉红的毛围巾去上学，被同学们赞美，她可高兴了。今年还让我给她的好朋友织一条呢。如果您不嫌弃，我亲手给小李织一条行不？织好了，我电话通知你到店里来拿。"（导购一番热情的话语，令两位顾客很感动，虽然还没有行动，但其表达已经让顾客感受到了关怀。当讲到自己的女儿的围巾故事时，顾客心底还有一丝感动）

小李："你可真是个好妈妈、好女儿、好儿媳呀，向你学习啊。"

张姐："我就是那么一说，你看你都亲自织上了，这围巾我也会织的，织的也不差。"

有时候顾客并非刻意要为难我们，关键看我们如何应对。

第四步：协同。把同伴顾客变成自己的"协同者"。

导购："张姐，您是这方面的专家，一定要经常来店里指导指导我了。"

张姐："我可是我们厂里的第一针织高手。"

导购："张姐，一会您留个电话。我们这边做顾客回馈的时候，经常会送客户一些小赠品。到时候寄到您家里，我们还希望您多到店里来，多带朋友来，关键是多来指导指导我。"（把刁难的顾客转化为自己的协作伙伴的关键是让她感觉到被尊重、被欣赏、被认同，同时还有一点点小小的好处）

此番话一说，张姐一脸得意，自我感觉相当不错。

张姐："指导你就谈不上啦，指导一下我们公司的小同事，还是可以的。小李你喜欢这件吗？"

小李："张姐，我觉得还行。我感觉挺显瘦的。"

张姐:"行,喜欢你就自己买吧。"

……

八、用顾客的故事说服顾客

顾客的故事能有效地转化为生产力促进销售,比如说,导购运用产品收到好的效果的案例可以起到刺激顾客购买的作用。再则,顾客在选择产品的过程中出现了问题,我们可以用案例去说服顾客做出决定。恰当选择顾客的故事(案例)来说服顾客,有时候比我们生硬推销更有效果。

上周和太太去选茶桌,一张酸枝木的茶桌商场要卖到一万多,算算也不便宜。我们决定先买一张茶桌,家里的沙发还可以搭配着用。在购物的时候,商场的主管亲自接待的我们,他的一番话改变了我们的决定。主管是一位非常有销售经验的小伙,给我们的感觉是为人诚恳、踏实,对货品熟悉程度高。在整个购物比较的过程中,他热情洋溢,贴心地为顾客考虑。我想,这也是我们最后采纳他意见的重要原因之一。他的一席话是这样说的:

先生,其实我非常理解您的心情。家中的沙发可以搭配,也是挺合算的方法。不过,以我的经验来说,您就是将单独的茶桌买回去,也还是会最终选择搭配我们的茶椅的。

我问他为什么。他说:

您看,别说您只是一张茶桌。之前我有一位客户,他是做茶楼生意的。您想,做生意的人,当然非常在意成本。他采购家具时采购了一批沙发，认为非常好看。然后到我们这里来订购茶桌，也本打算配现存的沙发。结果所有茶桌拿回店里以后，客人反映用起来很不方便。一来是因为沙发太矮，品茶、泡茶很不方便，人坐着不舒服，根本不想在茶楼里多呆，这多影响他的生意呀。二来从视觉上也不好看，既不中式、也不洋式，搭配起来缺乏整体的协调性。最终，他还是痛苦地决定将沙发统统地换掉，换成了我们原配的座椅。我上周去给他换的，花了不少时间。您看，如果他一来就听取我们的意见，也不会浪费他这么多时间了。但是，顾客嘛，肯定都有个考虑和犹豫的过程，我们肯定是尊重顾客的意见。但是，我觉得，您不是在意这点钱的人，您更在意效果和效率。所以，我给您的建议就是您一步到位，配齐了，即节约您的时间，又提升家装的品味，您觉得呢？

说实在的，这位主管的"顾客故事"打动了我，我相信他的建议是有理有据的。我也相信，他不仅仅只是推销几个茶椅，而他真正的目的是帮助我达到更加完美的品茶效果。

练习：请结合上述的语言结构来表达自己的产品，给顾客以合理化的建议，并起到促进销售的效果。

语言模式："之前×××也是……样的，结果……所以，我建议您……"

例如：之前也有顾客考虑说先买一套保暖衣，结果发现冬天换洗的时候就没穿的了。我们的产品质量好，所以再次回到店里来购买。所以，我建议您一次买两件。节约了您的时间，并且，我们今天购物满××元，还有抽奖呢。

_____

_____

九、小故事给顾客大面子

顾客的面子真那么重要吗

中国人是讲面子的，我虽说没有考证过，但是在我所接触的各国人士中，感觉国人应该是最好面子的人。我自己也是中国人，就算是再不好这口，也是喜欢别人给些面子的。相信电影《大腕》里的一个精彩片段，各位还有印象吧，一位男士描述中国人买房的消费心理：

一定得选最好的黄金地段，（顾客追求稀缺资源的心理）

雇法国设计师，（顾客追求国外名品的心理）

建就得建最高档次的公寓！

电梯直接入户，

户型最小也得400平（方）米，（顾客求大的心理）

什么宽带呀，光缆呀，卫星呀能给他接的全给他接上，（顾客求全的心理）

楼上边有花园(儿)，楼里边有游泳池，

楼子里站一个英国管家，

戴假发，特绅士的那种，（顾客要的是一种感觉）

业主一进门儿，甭管有事儿没事，

都得跟人家说"may I help you sir？"（顾客追求受尊重的服务）

一口地道的英国伦敦腔儿，倍儿有面子！（最终都是顾客的面子心理）

社区里再建一所贵族学校，（以贵为尊的心理）

教材用哈佛的，（满足顾客独特的心理）

一年光学费就得几万美金，

再建一所美国诊所儿，

24小时候诊，

就是一个字儿——贵！

看感冒就得花个万八千的！

周围的邻居不是开宝马就是开奔驰，

你要是开一日本车呀，

你都不好意思跟人家打招呼，

你说这样的公寓，一平（方）米你得卖多少钱？

我觉得怎么着也得两千美金吧！

两千美金那是成本，

四千美金起，

你别嫌贵还不打折，

你得研究业主的购物心理，

愿意掏两千美金买房的业主，

根本不在乎再多掏两千，（顾客在意的核心不是钱的问题）

什么叫成功人士你知道吗？

成功人士就是买什么东西，

都买最贵的，不买最好的！（顾客要的是"面子"，划分他与别人的不同）

所以，我们做房地产的口号就是，

不求最好，但求最贵。（核心还是两个字"面子"！）

分享完《大腕》中这段经典的对白，你明白面子对顾客有多么的重要了吧。作为导购如果能维护顾客的面子，尊重顾客，该是多么受人喜爱呀。

第三章 讲故事的十三个重要场景

记得有次乘坐某航空公司的飞机前往北京讲课，坐在我身边的一位先生，可能是闹肚子，老是放屁，还气味浓郁。另一位坐在他身边的乘客忍受不了他的折磨，开始表现出厌恶的表情。这些细微的动作很快被空姐发现，她真是我所遇到的一位极优秀和细腻的空姐，她主动拿了一张毛毯，送到那位先生的身边。没等她说话时，那位先生的脸就涨红了，可能是担心空姐是来揭自己的短吧，当着那么多的乘客，真是颜面扫地啊。没想到，空姐亲切地对他说："先生，飞机上空调开得比较冷。看您穿着得少，您披上毛毯吧，会暖和一些。"我坐在那位先生的身边，明显感觉到他紧张的表情顿时变得松懈了，满脸充满感激，冲着空姐热情回应道："谢谢了啊。"小小的矛盾就此化解，每个人都很满意，每个人都留有了面子，可爱的空姐实在是太乖巧了。试想一下，如果那位空姐径直走过来，对先生说："先生，您把毛毯盖上吧，这样可以盖住您放的体气。因为，体气实在是太难闻了。已经严重干扰到其他乘客了。"那结果可想而知。

陈老师本人也是凡人一枚，虽说将面子看得相对比较轻。可也是乐于被人尊重的。记得有次去哈尔滨培训，主办方安排所住的酒店是哈尔滨中央大街上的马迭尔宾馆，这家酒店给我留下了深刻且美好的印象。他始建于1906年，装修为欧式的异域格调，美轮美奂。这座百年风情的酒店内装修得富丽堂皇，尤其是室内的壁画、镜子贴面、精美雕刻、黄铜的楼梯栏杆，还有熠熠生辉的大吊灯，都透出豪华典雅的气质。仿佛把人带到了一百多年前的哈尔滨。我并非是强调，主办方花了多少钱，为我订了多昂贵的房间，而是想说，他们很有心意地设计了一个小环节。主办方特别为我安排的房间是315房间。在房间的外边，我看到了一块极其精致的"黄铜"材质的小牌，上面写着"国母宋庆龄1929年5月16日来哈，下榻此房间。"我不禁内心涌起一阵温暖，那天正好是5月16日，看来主办方是要我来庆祝国母下榻该酒店 80 周年吧。一个小环节让我深深记住了这家宾馆、这个房间、这个特殊的日子。使我感觉到这家酒店是一家有意义的、有内涵的、充满历史记忆的酒店。主办方的老总在接待我时对我说："陈老师，您看，咱们哈尔滨人民对您的尊重之意，您已经从我们接待您的房间特色当中感觉到了吧？您在我们品牌心目中的位置，您也感觉到了吧？"说实在的，我心里除了感激、感动以外，还是觉得很有面子的。

人人都好面子，只是程度不同。维护好顾客的面子，也是尊重自己的表现。如同常言所道："要想别人怎么对待你，你先怎样对待别人。"你如果能给足顾客面子，顾客也会回应你几分情面。

给顾客面子的回报

一位珠宝导购告诉我她的一个案例：

> 一位年龄较大的顾客带着 20 岁出头的侄女来选珠宝。客人选珠宝时，侄女在旁边待着也没事。导购担心小侄女被冷落就一直陪着那位侄女打发时光。这位导购把店里的珠宝戒指拿出逐一给小侄女试戴，小侄女特别开心，很愉快地度过了一个下午。老顾客买好珠宝走了以后，故事并没有结束。之后，那位小侄女完全充当了店里的义务推荐员，她经常带些上了年龄的阿姨来选购珠宝。虽说这些珠宝不适合她，她却在自己的圈子起到了很好的推荐作用。导购问小姑娘，你为什么对我们店如此热心？小姑娘回答道："那天我和家人来选购珠宝，我并非你们的顾客，我在想自己肯定会度过一个无聊的下午。结果，你们给我很大的关注与尊重。让我也感觉到了贵宾般的待遇，我对你们的服务品质非常认同，我觉得带朋友来购买珠宝，一定会有很好的保障。介绍朋友去一家值得信任的、服务态度好的珠宝店，本来

也是一件有面子的事情。每次介绍朋友来的时候，你们又会对我加倍的热情，能感觉到这样的关怀，这个过程本身就让人很快乐！"

上述这个案例充分说明，妥贴地给顾客面子，就会有所回报。

别说让顾客"没面儿"的话

我们在平时的销售中，意识到面子的重要性了吗？顾及到顾客的面子了吗？

我们看看导购在销售中常犯的关于"面子问题"的错误：

当顾客去看高档物品时，导购态度生硬且声音提高："那条裙子一万八！"（顾客顿时感觉：难道你意思是说我买不起吗？是要我及时收手吗？）

顾客想购的物品价格很高，正在犹豫、面有难色时，导购略带冷笑地说："现在，哪家哪户还拿不出个万八千的。"（这基本等于是在骂顾客穷了）

顾客高兴地称赞自己之前所选购的衣服时，导购打击道："这家品牌比起咱家来说，差太远了。"（这等于直接在骂顾客没眼光、没品味）

顾客一直在看打折的货品，没有理会导购的新品推荐，导购对顾客说："您看的那些都是打折的次货，有档次的顾客根本不会买的，难看死了。"（这基本等于骂顾客是用次货的次等人，十足地让人生气）

别做让顾客"没面儿"的动作

让顾客感觉到不被尊重的十个动作，如表3-2所示。

表 3-2　让顾客觉得不受尊重的十个动作

	导购的动作	顾客的感受
1	顾客进店后，导购上下打量	导购在审视我是否有购买能力
2	死盯着顾客的某个物品（如包、鞋子）	导购在审查我的东西是否有档次
3	发出蔑视的冷笑	顾客觉得：导购在嘲笑我吧？
4	单手指顾客	顾客感觉被侮辱，感觉导购没礼貌
5	面无表情，扯高气扬的望着顾客	顾客感觉被歧视
6	对着顾客打哈欠、打喷嚏	导购没素养，没礼貌
7	厚此薄彼，没有一视同仁	顾客被冷落，只想离开
8	对顾客多次提问无应答	顾客感觉被轻视，不被尊重
9	找钱时把钱直接扔在收银台上	顾客感觉被歧视
10	顾客走时无送宾声	顾客有失落感

小故事带给顾客"大面子"的案例示范

案例一：历史故事。

　　顾客："这款酒适合送人吗？"

　　导购："太太，这款酒很珍贵，它不仅是国宴用酒，身份尊贵，并且口感也很不错，当年毛主席在延安时最爱喝的就是这款酒了。"

　　顾客："是吗？那我一定要给朋友说说这个故事。"

小故事让顾客感觉到了产品的价值与尊贵，顾客送人也有面子。

案例二：品牌经典案例。

　　顾客："这个牌子的东西到底怎么样呀？"

　　导购："姐，您放心。我们奥维丝丽调整型内衣是广东省著名内衣商标。我们总部在汕头投资有1亿多元，占地50多亩。在全国来说算是非常有规模与实力的企业了。您看到我们的宣传画上的明星集锦图片，象曹颖、石头等是我们厂周年庆邀请的明星，为我们的企业员工、代理商们演出，整个演出的舞台、规模、级别相当于同一首歌的水平了。这样有实力的一家企业，其产品的质量，您一百个放心！朋友问您穿的什么品牌，您说是曹颖代言的奥维丝丽，您自己也倍有面子呀。"

用企业的经典故事与案例让顾客感觉到我们的实力，并让顾客记住我们品牌的故事，向其他人传播。

案例三：利用名人或当地有影响力的人。

顾客："这款产品真贵呀。"

导购："是的，先生。正因为这款尊贵，所以价格也是不菲的。我们市内只有两款，前一款已经被我们的市长夫人买走了，现在只有这一款了。"（顾客马上感觉自己的身份与市长对等了，面子有了）

顾客："这款好是好，可是材质符合健康标准吗？"

导购："您放心，市医院的院长都推荐这款。您想，他对健康多关心、多专业呀。"

案例四：用专业人士的使用经历来说服顾客。

顾客："这个品牌以前没听说过呀。"

导购："不好意思，是咱们宣传工作不到位。不过，我们的品牌在国内非常有影响力。您看×××上春晚唯一一次穿时装，就是咱们家的品牌。是咱们老板亲自送给他的，他特别喜欢，觉得够档次，就穿上春晚了。您看，咱们店周边的公务员、医生、老师们都爱买这个品牌。您也是有身份的人，穿这个品牌没错的。"

顾客一听，乐了，买回去以后，见人就说："知道吗？×××上春晚，也穿这款。"

导购仔细想想，周边有多少当地的知名人士或是有影响力的人士可以运用在销售中呢？

十、卖产品不如卖"寓意"

你的产品能给顾客好的彩头吗

记得屈臣氏曾经推出一个系列的"馒头"卡通玩偶。每个馒头造型活泼可爱，名字也挺独特，分别有"好运馒头、桃花馒头、招财馒头、健康馒头、必胜馒头……"几乎能想到的好寓意词都用到了馒头的命名上了。我在屈臣氏购物时，发现好多小男生、小女生在购买这个系列的卡通。我采访过几位年轻、时尚的顾客，问他们购买这些馒头有什么实际的意。他们的答案分别是："好看呗。""好玩呀。""我希望他能给我带来健康好运。""我希望桃花馒头能给我招个称心的男朋友，我的朋友就是买了桃花馒头以后找着男朋友的。""我要买个必胜馒头，马上要考试了，希望不要挂科啊。"听到七七八八的答案，我还真为他们的童真与希望感到高兴。也不得不佩服屈臣氏推出的这一系列产品的成功策略，他们正是迎合了时下年轻人追求美好生活的人生态度。

一位广东的木雕厂老板，订制了一批好木材的"武财神看书"关公雕像，发货到香港去卖，他心想，香港人重传统文化，应该可以卖得盆满钵满的。结果，货发到香港以后竟无人问津。老板问港人，为啥不喜欢这批货的造型。一位顾客道出了心声："香港人爱打麻将，本来供位财神是很好的事儿，可是这位财神爷在看书，寓意就不好了。'书'音同'输'，不利。"老板一听，可犯了难，这么大一批货，要是不卖了或拉回去，还不得亏血本呀。老板冥思苦想，最终想出个绝妙的方法。他想：香港人不是说看书寓意不好吗？如果把书名改改不就解决了吗。于是他请了一位木工，将武财神看的书封面上撰写了书名："生财有道"。港人一看，这寓意好，武财神在学生财的方法呢，一定可以保佑我们家生财有道。没多久，一批货统统卖光。

某日见一位导购在准备VIP客户的新年礼物。公司给他的预算并不高，可他却能在有限的预算中玩出新意来。销售人员的客户都是卖场的资深购茶客户，他分别为他们准备了各式不同款的"茶宠"。他对我说："张太太喜欢打麻将，我给她准备的'茶宠'是一匹马，马背上站了只大苍蝇，你可别觉得这个恶心。它的寓意可好了，叫'马上赢'，打麻将的人就喜欢马上赢。王先生是公务员，我给他准备的是马背上拖了只疯疯癫癫的猴子，这寓言也好：'马上封侯'。您看公务员升官，他肯定乐意。张总是做生意的，我给他准备的是貔貅，貔貅是神物，保佑财富只进不出，张总绝对喜欢。我送他们的时候，会把这些故事和寓意讲给他们听。虽说东西不贵，但他们一定会心情大爽。新年得个好彩头，多好的事儿呀。"听到导购的一席话，感觉他真是用心良苦。这礼物送出去，不仅有故事、有寓意，还赚回了不少回头客。

怎么说出好寓意

不同的产品有不同的寓意，我们以服装为示范，看看如何在顾客面前将产品说出好寓意。

（1）关于色彩的寓意。

顾客："什么颜色的保暖衣好呢？"

导购："姐姐，红色的不错，您看红色象征着吉利、喜庆、福气，春节的时候把红色穿在里边，既吉祥又平安。"

我们给大家整理了一个色彩寓意表，各位导购要记住不同色彩的寓意，并将美好的寓意带给顾客，如表3-3所示。

表3-3　色彩寓意表

色彩	寓意	顾客性格	色彩带给顾客的价值
红色	活泼、力量、热情、速度、野性、喜庆	喜欢红色的人工作及恋爱上均会全情投入，占有欲强，凡事不轻言放弃。	穿着红色的衣服会显得热情、开放、喜庆，带来喜气、吉祥，适合庆典、结婚、本命年穿着。
橙色	阳光、温暖、绚丽、活力、动感	喜欢橙色的人有向上的心态，社交能力强。	显得阳光、活力、青春、时尚，春夏的时候会成为众人的焦点。
黄色	天真、可爱、幸福、希望、亮丽、醒目、财富	喜欢黄色的人富有幽默感，比较聪明，分析能力强。	显得天真、可爱，靓丽。
绿色	自然、平和、健康、年轻、清新、轻盈	喜欢绿色的人追求新鲜、刺激，性格相对平和。	显得健康、年轻、清新，尤其时下流行撞色，搭配跳跃的色彩会很潮的。
蓝色	凉爽、幻想、神秘、高贵	喜欢蓝色的人，沉着冷静，不喜欢太多表达观点。	显得神秘、高贵、梦幻、有内含。
紫色	浪漫、魅力、优雅、宁静、适合任何肤色	喜欢紫色的人比较感性，观察力敏锐，有个性，有时会沉默、内向。	显得高贵、奢华、优雅、浪漫。
粉色	可爱、青春、俏皮、温馨、温柔、童真	喜欢粉色的人性格稳重、温柔，大多都是和平主义者。	显得温柔、可爱、青春气息。
褐色	内敛、朦胧、高雅、低调	喜欢褐色的人干练、低调、内敛、深沉。	显得大气、低调、稳重、厚重。

(续表)

色彩	寓意	顾客性格	色彩带给顾客的价值
白色	纯洁、干净、单纯、视线扩张	喜欢白色的人做事认真、追求完美、才能出众。	显得洒脱、纯洁、唯美。
黑色	力量、神秘、正式、干练、百搭、显瘦	喜欢黑色的人庄重、内敛、低调、深沉、表达含蓄。	显得端重、百搭、内敛、神秘、大气。
灰色	都市、时尚、优雅、成熟、百搭	喜欢灰色的人心思细腻、慎重，追求和平、安定，有优越感。	显得高雅，办公室干练式打扮，百搭款、大牌感。
花色	动感、时尚、魅力、多变	喜欢花色的一般都上了点年纪，要么就是时尚、跳跃的年轻人。	显得活泼、动感、原生态、突出。

色彩的表述语言结构，举例如下。

导购："姐姐，您真有眼光，喜欢这款紫色。心理学家说喜欢紫色的人大多都给人一种神秘感和高贵感，天生具有艺术家的气质。同时，紫色也象征着宁静、高雅，我觉得这件上衣穿在您的身上更能凸显您的高雅和浪漫。"

请各位导购来尝试一下，按上面的话术来介绍一下自己品牌的产品吧。

事实上，色彩的寓意不仅可以运用于服装上，其他的产品同样适用。比如床上用品、围巾、艺术装饰品、鞋子、箱包、服饰配饰、珠宝等。

（2）常见的花木寓意，如表3-4所示。

表3-4 常见的花木寓意

花木	寓意
银杏	古老文明
松柏	坚强与伟大
芝兰	正气清远
百合	百年好合、团结友爱

(续表)

花木	寓意
紫荆	兄弟和睦
椿萱	父母健康
竹子	正直谦虚
杨柳	依依不舍
石榴	子孙繁昌
并蒂莲	夫妻恩爱
牡丹	繁华富贵
梅花	坚贞不屈
万年青	友谊长存
吉祥草	鸿运祥瑞
桂花	高尚不俗
橄榄枝	和平
黄月季	胜利
铁树	庄严
红豆	相思
荷花	无邪

示范：

　　导购："女士，您朋友乔迁新居，我建议您可以赠送他们这幅吉祥草的装饰画。吉祥草在印度自古被看做是吉祥之物，是'圣草'，在宗教仪式中不可缺少。您送朋友也象征着祝朋友鸿运祥瑞之意。"

(3) 关于款式或造型的寓意。

某些商品的款式和造型本身也有好的寓意，比如说中国结、吉祥的图案、恭喜发财的造型等。

珠宝店里，顾客正在端详一款项链。顾客对于这款铂金带钻的项链的独特款式表示出好奇与兴趣。

顾客:"这款项链的造型挺有意思的。"

导购:"太太,您真有眼光。设计师为这款项链取了一个非常有寓意的名字叫'圆梦',您看这条项链的造型是一个大圆中包含着十二个小圆。它的造型灵感源于意大利知名设计师卡兰先生对生活、爱情、事业、人生的感悟。卡兰先生认为人生就是追求圆满的过程。圆是一个符号。太阳是圆的、月亮是圆的、地球是圆的,生活也应该是圆的。人生中有许多小小的梦想,我们都在追求圆满。人生的追求就是无数次的圆梦,而最终圆满。这条项链里面有十二个小圆,象征着每年的十二个月,月月好运;最外面的这个大圆象征着美满的人生。它的材质是铂金,代表着您人生的尊贵与贵重,而上面所镶嵌的钻石代表着纯真与为了梦想的坚韧。链项整体的造型就是祝您事事顺心,好梦能圆。"

顾客:"你说得太美了。"

导购一番真诚的介绍,令顾客对这款项链增加了一分喜爱。

如果你是销售珠宝或饰品的导购,除了对于珠宝与饰品本身的保值与增值的了解以外,更要了解到它们背后的情感与人文寓意。

(4)常见的珠宝寓意。每一款宝石的背后都有一个唯美动人的故事,常见珠宝的寓意如表3-5所示。

表3-5 常见珠宝的寓意

珠宝	寓意	适合的顾客
珍珠	美丽、幸福、健康	最合适送给相濡以沫的妻子
绿松石	成功、平安、吉祥	最合适送给创业、渴求成功的朋友
欧泊	纯洁、希望、幸运	最适合送给年轻漂亮的女孩
珊瑚	高贵、权势、吉祥	最适合送给一直疼爱自己的母亲

(续表)

珠宝	寓意	适合的顾客
黄玉	富足、团结、友谊	最适合送给友好的邻居
红宝石	力量、热情、智慧	最适合送给外向爽朗、充满志向的朋友
蓝宝石	安详、忠诚、真理	最适合送给让你感恩、为你指明方向的人
石榴石	保佑、真诚、淳朴	最合适送给远行的人
翡翠	平安、富贵、辟邪	最适合送给家中的老人
水晶	灵性、神秘、开运	最适合送给初恋情人
钻石	忠贞、爱情、恒久	最适合送给想要牵手一辈子的爱人

案例一：

顾客："想送一款首饰给妈妈，不知道选什么好？"

导购："美女，您真是孝顺的女儿。我给您推荐一对红珊瑚的手镯吧。红珊瑚象征着高贵与吉祥。您看，珊瑚是'十年长一寸，百年长一斤'的宝物，它是珠宝中为数不多的有着千年生命的灵物。珊瑚成型的条件非常苛刻，常常要在适应的温度、地点、海水盐度等诸多的条件下，经过数千年的时间才能累积起来。因此拥有这一宝物既代表了自身雄厚的财力与实力，同时也拥有了让爱沉淀的契机，而在这个世界上沉淀得最深的爱就是母爱！用这款首饰来表达您作为女儿对母亲的感谢是最合适的，也代表了母亲在家中尊贵的地位。母亲佩戴上她去参加朋友的聚会也体现了她的实力，很有面子的。好多孝顺的儿女，会选择这款在母亲节的时候送给母亲。他们回店来都说母亲特别的珍爱和感动。"

第三章 讲故事的十三个重要场景

案例二：

先生为太太选购珠宝时，将一串珍珠项链佩戴到了太太的颈上。太太正在欣赏这串项链时，导购略带深情地说道："今天是二位的结婚纪念日，先祝你们纪念日快乐幸福。先生要送礼物给太太，珍珠最适合的选择了。您看，珍珠是在历经了岁月的洗礼后慢慢沉淀下来的，这份等待来之不易。二位的爱情如同珍珠一样，经历了岁月的考验后形成了美好的爱情结晶，弥足珍贵。让太太把这份感情佩戴在脖子上既滋润她的容颜，更见证了你们的爱情。"太太听后非常感动，认为珍珠是最能证明他们爱情的宝石，并决定买下来作为永久的纪念。

案例三：

顾客："我想送一条项链给我的导师，我的导师是一位五十岁的女性。"

导购："我建议您送我们这款蓝宝石的项链，虽然价格并不算贵，但寓意深刻。古代波斯人认为天空为什么是蓝色的呢？因为我们脚下的大地，是被一颗巨大无比的蓝宝石所支撑起来的，那些蓝色的纯净光芒被反射到天空上，便成了这一望无垠的蓝色。而蓝色的天空使我们看到了光明与未来。所以蓝宝石正适合送给给我们人生指引、给我们未来，让我们感恩终生的人。我建议您可以在送给导师时，把这个故事和这份心意告诉她，让她感受到你有一颗感恩的心。"

通过上述三个案例，各位导购已经感受到有丰富内涵的寓意故事带给顾客的价值了吧？越昂贵的商品，越需要故事为背景。如果失去了故事的内在底蕴，产品的魅力会大打折扣。

十一、使用 FABE 法则说服顾客接受产品

如果你的话能说到顾客心里,那就离顾客的钱包不远了。说什么样的话,能接近顾客呢?心理学家和销售专家们研究了神奇的 FABE 法则,它是一套能让顾客接受产品的科学语言结构。其间故事、案例、证据只是其中的一个环节,FABE 是一套需要整体搭配的销售话术。

什么是 FABE 法则

FABE 法则是导购在终端销售过程中必须掌握的专业销售话术。这套销售话术的表达方式是经心理学验证,并通过实战总结出来,最能说服顾客、提升顾客购买率的一套销售话术。终端导购如果要提升业绩,就要找到每一款产品的 FABE,并能举一反三地运用这一方法。我们先来了解一下什么是 FABE 法则,如表 3-6 所示。

表 3-6　什么是 FABE 法则

字母代表	英文	中文含义	说明
F	Features	特点	指产品的名称、产地、材料、工艺、定位、特性、产品的内在属性及核心差异点。
A	Advantages	优点	产品独特的功能或优势,比如:更有效、更省电、更管用、更高档、更温馨、更保险、更环保……
B	Benefits	利益	能给顾客带来的价值与利益,导购要尽可能地用更多的形容词和利益来让顾客虚拟体验产品的好处。
E	Evidence	证据	通过现场演练、体验、故事说明、案例佐证、数据说明、证据列举、证明文件、品牌效应等方式来足够客观、权威、可靠地证明产品带给顾客的价值。

没有运用FABE法则的失败案例

导购即使说再多品牌的特点、品牌效应、产品的优点，如果说不到顾客价值都是白费。而如果只说明产品价值，顾客的信任度也不高。所以FABE要关联起来搭配使用。我们来看一组没有运用FABE法则的失败销售案例。

购买食品油的现场：

导购："姐，您看油呀？"

顾客："嗯，有哪几款？"

导购："花生油和菜籽油。"

顾客："有什么不同？"

导购："有什么不同呀？嗯……"（导购想了半天没想过来，说明从来就没有思考过产品的差异化在哪里，这点做得相当的失败）

导购："不同，就是原材料不同。"（完全是废话！谁不知道是原材料不同呀！）

顾客："我是问你核心不同点儿在哪里？"顾客都有点不快了，顾客最害怕遇到半天都讲不清楚的导购。

导购："嗯……嗯……嗯……（我的天，像在背书一样）喔，核心差别呀，就是花生油是花生榨的，菜籽油是菜籽榨的。"

顾客："……（顾客已经被惊得无语）算了，其他地方看看。"

购买电饭煲的现场：

导购："姐，看看我们家的电饭煲吧。"

顾客："一款300多块，一款600多块，有啥不同呀？"

导购："原材料不同。"

顾客:"原材料不同就价格不同呀?"

导购:"肯定的嘛,成本都不一样,再说,做工也不同。"

顾客看了半天:"做工哪儿不同了?没看出来。"

导购:"贵的肯定做工好些。"

顾客:"好在哪儿?我看其他品牌也差不多。"

导购:"姐,一分钱一分货呢。再说了,咱们牌子影响力大得多。"

顾客:"我看这些牌子都差不多,贵估计就是贵在广告上了。"

导购:"姐,哪能只是广告呀,常言说得好,人不识货钱识货。"

顾客:"你说了半天,我也没看出来这300多块的和600块多的差别在哪儿。"

导购:"最大的差别就是钱不同哟!东西就肯定不一样。"

顾客彻底无语了,颠来倒去的,都不知道导购到底要说什么,更不明白,到底这300块钱的差价核心原因在哪里?产品买回去对自己带来什么样的价值?到底贵的一款有没有差异化的实用功能,贵也总要顾客感觉到贵得有价值吧!

可上述两个案例的情景却常常出现在终端销售的现场,实在是浪费了许多机会。许多导购根本不明白自己的产品到底特点、优点、利益点、证据在哪里?

运用FABE法则的成功案例

调整型文胸销售现场一:

顾客:"这款文胸的价格为什么要高些呢?"

导购:"女士,它价格高一些的原因是它的功能性。(特点)您看这款神圣伊甸园系列的3/4罩杯的夹棉文胸,它采用了磁疗内贴技术，磁疗内贴技术是利用人造磁场施加于人体的经络与穴位，(优点)所以能加快胸部血液流通，改善胸部微循环，(价值)这样就从根本上改善女性的胸部脂肪松弛、外扩、下垂等现象，又能疏通乳腺管，预防乳腺疾病，时刻关爱女性健康！（证据）您可以看一下，这是我们之前的5位VIP顾客使用产品3个月后的对比照片，经过我们的测量，胸部的下垂改善在20%以上，并且其中一位顾客的乳腺炎症状明显缓解。"

顾客："哎呀，照片上看果然效果不同。有这么神奇的效果？那我试试。"

塑身裤销售现场二：

导购："姐姐，我建议您再选择一条中腰收腹裤搭配文胸哟。"

顾客："以前没穿过，有什么特别的？"

导购："姐姐，（特点）这款中腰收腹裤，她具有独特的前幅排扣附拉链设计哟，（优点）所以能很好地为您固脂锁脂，还能轻松、自由调节大小。(利益) 所以，在您塑身的调整期和保持期都可以穿着；它良好的收腹提臀效果让您对身材会越发的自信。您再看（特点）她的底浪是液化钛的设计，（优点）液化钛有预防炎症的效果，(利益)夏季穿着您不会担心会有妇科疾病的困扰。塑形与健康两不误。（证据）您看，好多像您一样年龄段的姐姐都选择了这款。您看我们今天的销售记录，今天就已经销售出去了七条了，这条可是我们今夏的爆款，再不选可就没了。我给您带上一条吧。"

顾客："行，反正也要配条小裤，你说得这么有效，我就试一次。"

运用 FABE 法则的步骤

第一步：指定一款销售的产品。例如：货号 22035 的厚杯蕾丝文胸。

第二步：按下列表格整理出 FABE。货号 22035 的厚杯蕾丝文胸的 FABE 整理，如表 3-7 所示。

表 3-7　货号 2205 厚杯蕾丝文胸 FABE 整理

字母代表	中文含义	说明
F	特点	产品颜色：黑色。 材料：纯黑蕾丝、远红外线贴片面料、高弹面料。 设计：加宽肩带、可拆卸杯垫、U 型后背设计。 定位：胸部丰满、需要调整、上托和保持身材的女性。 核心差异：既具有调整功能，又突出女性的性感魅力。
A	优点	比传统文胸更能保持女性胸部形状； 黑色蕾丝更突出性感与女人味； 女性塑造形体效果更好。
B	利益	长期穿着能保持良好的胸型； 肩带不易滑落； 面料与设计能收副乳及后背的脂肪； 能通过塑形增加女性的自信。
E	证据	我们店店长也是穿的这款，保持胸型的效果超级好，店长可以现身说法。

第三步：形成销售话术。

"姐姐，我们这款"浪漫之旅"系列的文胸（特点）最大的特点是色彩为万人迷的黑色，材料是远红外线贴片的面料，后背是 U 型设计、肩带上有防滑花纹，（优点）所以您穿着起来第一肩带不会滑落，第二后背和副乳的脂肪会收拢到胸前，形成丰满的乳沟，第三黑色蕾丝会突显您的性感。最大的特点是我们的面料，因为是远红外线贴片，所以能够作用于乳腺、预防乳腺炎、乳腺增生。（利益）您长期穿着胸型会固定得更加完美，人也能更自信，还有健康保健功能。（证据）您看，我们店长的胸型也很美呢，她和您一样胸部本身就发育得很丰满，可是生育后出现了下垂和外扩的现象。她现在长期穿着这款，明显感觉副乳、下垂、外扩问题得到了改善，人也更自信了。"

十二、用故事化解顾客的尴尬

顾客在购物过程中难免会出现一些尴尬的情景，善解人意的导购要懂得巧妙化解。故事在这个时候可以帮到你。以下是顾客常出现的四种尴尬情形。

顾客忘带钱了

情景：顾客准备购物时，突然发现居然忘记带钱包，顿时感到无比的尴尬。

糟糕的导购表现一：

> 导购小A忍不住嘻嘻笑起来，仿佛在说："傻帽，钱都忘带了。"
> 顾客一边脸红，一边向导购道歉："不好意思啊，钱忘带了。"顾客走出店面时心想，太丢脸了，钱包都忘带了，还被导购嘲笑，以后再也不来了。

糟糕的导购表现二：

> 导购小B一脸的不屑，面部表情大为不爽，把货品往货架上一放，便转头对顾客说："那您下次带了钱再来看吧。"
> 顾客无比生气，心想："太狗眼看人低了吧，不就是忘带钱了嘛，

又不是买不起。就算是耽误了你的时间，也别这个态度呀。"

顾客："我就算今天不买，你也不至于这个表情吧。"

导购："哟，买不起，别说没带钱呀！"

顾客顿时火冒三丈。

巧用故事的方法去化解：

顾客发现没带钱，表情特别的尴尬，连对导购说："对不起，今天忘掉钱了。"

导购保持微笑："没事，先生，人总有一时糊涂的时候。再说，像您这样的大忙人，也难免。贵人多忘事嘛。您看，我们老板上周坐出租车到站了才发现没带钱包，更尴尬，还是我给他把钱送过去的。"（给顾客讲故事的同时，也是在给顾客解决问题的建议）

顾客："那你们老板也是挺尴尬的。"

导购："是的，还好那天我在呢，能给他把钱送过去。那您这么喜欢这件衣服，有附近的人可以帮忙先过来给您付款的吗？"

顾客："你这主意不错，本来我哥在附近，可是正好他今天也不在。"

导购："那这样吧，您这么喜欢这件衣服，又合适您穿。如果被其他客人买走了，可能就没有了。这样吧，您留个电话和地址，如果在附近的话，我明天给您送过去。"

顾客："那还真麻烦你了，我就住附近的小区。要不，我明天自己带钱再来买吧。"

导购："没事，您留个电话吧，方便和您联系。"（导购很聪明，尽量留下顾客的电话，以便于能跟进顾客的需求。万一顾客明天忘记这事了，也可以提醒他）

顾客："行，我明天下午过来拿。你给我留着，感谢你了。"

导购："没事，没事，方便顾客是我们应该做的。"

顾客不小心打碎了东西

情景：顾客选购物品时不小心打碎了物品。

糟糕的导购表现：

导购："先生，您要注意一点。我们的水杯都是韩国进口的，打碎了可是要原价赔偿的。"

顾客："赔就赔，多少钱呀！"

导购："360块呢！您能注意点吗？"

顾客："我还没说你们陈列的问题呢，你们把东西摆在这里，多容易被撞呀。是不是故意讹我呀？"

导购："你怎么不讲道理呢？自己不小心，还说我们故意。"

顾客："你们就是故意的，我打110报警，说你们故意陷害我。"

（有时候，我们和顾客的恶劣关系，就是因为一个眼神、一个动作或者一句话引起的）

巧用故事的方法去化解：

顾客打碎了水杯，一时间受了惊吓，愣在那里。

导购连忙上前对顾客说："女士，岁岁（碎碎）平安、岁岁（碎碎）平安"。（导购很聪明，用好寓意化解了问题）

女士听到这独特的祝福后，愣了一会，笑了："哎，真是倒霉，算了，多少钱？我赔了。"

导购："姐，您打碎的是我们的韩国进口水杯，360元一个。"

顾客:"啊,真倒霉呀,怎么这么贵呢。"

导购:"姐,您往好处想,俗话说得好,舍财免灾嘛。也许今天这个水杯就是来帮您挡灾的。"(导购用好的寓意来化解,口才和应变能力不错)

顾客:"好,行,反正也被我打碎了,只有认了,我就往好处去想。"

顾客之间发生争吵

情景:一对年轻小夫妻为购买保健品争吵起来,原因是女方认为男方给自己父母买贵的,给女方父母却只买价格便宜的,两人在保健品柜台争执不休。

糟糕的导购表现:

导购:"二位,这是公共场所,请到外面去吵好吗?"

男顾客:"哎,你什么意思呀?我俩就吵给你看了。"

女顾客:"吵就在这吵,吵完了,明天就去离。"

巧用故事的方法去化解:

导购:"二位请到我们旁边休息厅坐会吧,给二位倒杯水冷静一下。"(把情绪失控的顾客带到隐蔽、安静的地方是正常的处理方式)

男顾客:"你一碗水没端平,你妈是妈,我妈就不是妈吗?"

女顾客:"你今天要干吗?钱没几个,你还想买这买那?"

导购:"二位,请冷静一下。刚才听二位说都要给父母买东西,说明两位都是孝顺老人的好儿女。"

两位顾客听到赞美后,慢慢冷静下来。

导购:"两个人组建家庭的基础是包容,包容就是彼此要让步。你们看我结婚都十多年了,和我老公的感情好得很呢。为啥呢?因为我们俩有啥都商量着,尊重对方的意见。所以,基本上没有太大的矛盾。看二位应该是刚工作的年轻人,的确要花费很多钱来孝顺父母,心意有了,但能力有限。我给两位一个建议吧。"(导购用自己的案例和道理来说服顾客,并提出解决问题的合理化建议,顾客更容易接受)

男顾客:"请说,请说。"

导购:"你们春节孝顺两边老人的预算是多少?"

男顾客:"的确不多呀,就2000块钱。"

导购:"先考虑一边父母预算是1000元,这样比较公平些。再想想两边父母分别需要什么,再指定去买,你们看这样行不?"

男顾客:"我就说了,我妈这边身体不好,需要买点补品。她妈吧,喜欢喝茶,可以买好的茶叶。可她说我偏心,说补品要贵些。"

导购:"没问题,你们把这个难题交给我吧,我负责给你们选出预算以内让你们满意的,又价格一样、包装上档次的礼品来,行吗?"

男顾客:"行,那你就给我们建议吧。"

女顾客:"行,省得他偏心。"

导购为顾客选好礼物,顾客离店时,导购将顾客送到店门口,对他们说:"欢迎二位下次再来,看你俩多有夫妻相啊,肯定会恩爱白头的,夫妻相处不要常为小事吵架,要构建和谐社会啊。"

两个小年轻,终于忍不住笑了,特别感谢这位善解人意的资深导购大姐。

小孩哭闹

情景:妈妈带儿子买玩具,儿子偏要买两个。原因是儿子觉得虽然款式相同，但是颜色不一样。花的和红的，各要一份。妈妈不想宠坏儿子，只答应买一份。儿子便坐在地上大哭大闹起来，妈妈瞬间无比的尴尬，这下打也不是，不打也不是，可难坏了妈妈。

糟糕的导购表现：

导购："宝贝，别哭了啊，让妈妈给你买两个吧。"（立场都没了，想想这笔交易是谁付钱呀？得罪了妈妈，哪还有生意？再说，对教育下一代也不利呀）

儿子一听到有人支持自己了，哭得更大声了。

妈妈顾客："不买，坚决不买，今天随便你做什么，也不买。"

导购："宝贝，别哭了，今天妈妈不买，明天再来吧。"（晕，自己把生意给丢了）

巧用故事的方法去化解：

导购见此情景，连忙先安慰宝宝："宝宝，是不是想买两个呢？"

宝宝："我要两个，两个！"

导购："宝宝，来，姐姐有糖给你吃哟。"

宝宝听到有糖，笑着从地上起来，走到导购身边。

导购一边递糖，一边对小孩说："宝宝，姐姐告诉你，其实花的和红的玩具是一样的，这次如果你听话买了花的，不仅说明你是一个好宝贝，说不定下次妈妈还有其他的惊喜给你哟。如果你非要两个，说不定，妈妈一个也不买了，你要做好宝宝吗？"

宝宝："好的，我要做好宝宝，你给我一朵小红花吗？"

导购："当然啦，今天送你一朵小红花，让妈妈回家贴。"

宝宝笑了，妈妈也笑了。

导购对妈妈说:"姐,你家的宝宝如果好好引导还是蛮听话的。"

妈妈:"在家被老人宠坏了。"

导购:"是的,姐姐,现在好多小孩是隔代教育的。结果老人不懂得教育,只会宠爱,单一的宠爱会让小朋友出现问题的。我们这里的儿童情商训练中心好多小孩是因为隔代教育出现情商差问题的,在我们情商训练中心学习了半年,都有不同的改善。"

妈妈:"是吗?那一会我给他买完玩具,去中心看看。"

导购:"好的,我给您包起来。你可以先看一下我们情商训练中心的资料。"(导购不仅销售出去了商品,还维护了顾客的亲子关系,通过故事的引导还让顾客产生了新的消费机会,的确是一位贴心、懂事、又懂教育的卓越导购)

十三、维护VIP顾客的短信与电话

VIP是指忠诚顾客,VIP对于专卖店的价值无法只用金钱去衡量。身为导购,我们要明白,开发一个新客户的成本是维护老客户成本的5~10倍,而忠诚顾客产生的营业额往往占相对较大的比重。帕累托(20/80)法则指出,影响事物最终结果的要素只占20%。而做事情的核心是要抓住影响事务的那20%核心要素。销售当中也存在着20/80原则,通常20%的顾客创造了80%的业绩,而80%的顾客创造了20%的业绩。那20%数量创造80%业绩的顾客即为专卖店的忠实顾客,就是我们所说的VIP。VIP对专卖店的作用巨大,他们不仅为我们创造了更多的财富,还是我们的义务宣传员。导购说上一百句,不如有影响力的顾客为我们说一句。他们也更容易接受我们的新产品、新策略。对于专卖店来说,维护

VIP顾客的关系是工作的重中之重。

维护VIP顾客的方法有许多，我们做了一些优劣势的比较，如表3-8所示。

表3-8　维护VIP顾客的方法及优劣势

方法	优点	缺点	建议
生日问候短信	成本低。	对顾客来说除了短时间的情感维护，并无实际价值，生日当天可能收到太多商家的短信，都记不得是谁了。说不定连情感维护的作用都没有。	最好生日当天可以有"到店礼"，还有"双倍积分"。
新品、打折信息	信息针对性强。	如果发送信息数量不大，可能收效不高。	让VIP感到与众不同的好处。比如说设VIP单独的贵宾试衣间。
节假日打折、促销信息	信息针对性强。	不能突出VIP的优越感。	VIP节假日可享额外的礼品或积分
积分换礼	长期把握VIP顾客，并激励VIP创造消费。	成本较高。	针对VIP顾客群体选择其喜爱的兑换礼品是关键。
VIP折扣专场	直接回馈VIP。	消化库存能力有限。	折扣专场前期的推广工作是核心。
VIP讲座与活动	能长期、稳定地把握VIP顾客，如果讲座与活动与产品有关，还能创造更多的VIP。	成本较高，需要大量的前期策略与现场管理、后期跟进。	针对产品具有特殊的功能性、单价较高、有一定的科技含量，使用方法要求较高的产品，讲座与活动就显得尤为重要。

作为导购来说，VIP顾客的维护方法主要包括顾客没到店时的短信问候、电话沟通，还有顾客到店后的服务接待。我们主要讲述顾客没到店时的顾客情感维护短信及电话沟通。

你给VIP发的短信，他的手机收到了，但心收到了吗

不要以为把短信给VIP发过去，就达到了效果，有时候顾客只是手机收到了，眼睛看到了，但并没有给予太多的关注，或是根本不上心，更谈不上会进店。基本是在浪费你的时间和为之付出的金钱。所以，导购要保证自己所发出的每一条信息都通给顾客留下印象，或者一种美好的感觉。或者是吸引其进店，或者是让他记住你的名字、你的品牌、你的产品、你的活动、你的店位置。

判断VIP短信是否有价值的四个标准

第一，你的短信有感情成分吗？给VIP发的短信要能体现对顾客的情感关怀，使VIP顾客感觉到品牌的温暖。

第二，你的短信有实用价值吗？给VIP发的短信要具备实用价值，使VIP能增加生活常识、树立正确的人生态度等。

第三，你的短信有品牌的痕迹吗？给VIP发的短信上是否出现品牌的名称、专卖店的位置、电话，以及导购的名字。有的导购极为用心，将自己的名字改得琅琅上口，便于顾客记忆，比如说"叮当、可乐、麦兜"，都是我所遇到的用心的导购改造的名字，便于顾客记起他们。

第四，你的短信有尊贵感吗？给VIP发的短信内容中，是否体现了对顾客的尊贵感或者与众不同。比如说上面是否有顾客的名字，甚至是顾客的昵称，而不是一打开短信，抬头就是"尊贵的顾客"，这一看就知道短信是群发的，体现不出任何的尊重。我收到的短信中，最让我感动的一家品牌就是，打开短信，抬头就是"尊重的待忠老师"真是让人既感尊贵，又感亲切。

VIP短信示范

提示类短信：

婵之云的水灵温馨提示，台风于5号将即，天气变换，注意添加衣物，预防感冒，祝您度过一个愉快的周末^^。

这条短信的新意在于提醒VIP的是有价值的信息，在关怀顾客的同时并没有提及商品的信息，不会给人太势利的感觉，只是单纯的情感交流。这样的短信需要长期、持续、变换着发送。

新品、活动类短信：

亲爱的李姐：秋风飒爽，让我们跨越季节，提前体验冬日气息吧。9月8日，云水间将举办一场温馨浪漫的羽绒服亲子装活动。顶级面料与缤纷果色一定让你爱不释手，带上宝贝一起来欢度周末吧！进店的宝贝有品牌提供的玩具一份，相信您和宝宝会度过美好的一天哟。香港城水云间丁丁期待您的光临。

这条短信的优点在于给顾客一个美好的想象与期待，让顾客提前感受到活动的魅力。

智慧及情感类短信：

果实的成熟不是颜色美丽，而是味道甘甜；孩子的成熟不是年龄长大，而是独立克制；女人的成熟不是能力非凡，而是温良贤淑；男人的成熟不是圆融处世，而是善于担当；性格的成熟不是心平气和，而是能屈能伸；领导成熟的标志，不是发号施令，而是能听不同的声音。水云间陪您一路成长，经营智慧人生。

这条短信的优点在于给顾客智慧人生的思考，增加顾客对品牌内涵的认同，甚至有的顾客还会转发，增加了更多的潜在顾客。

微故事类短信：

妻子在炒菜，丈夫一直在旁边唠叨："慢些！小心！火太大了！快把鱼翻过来！油放太多了！把豆腐平一下！""哎呦"妻子脱口而出："我懂得怎样炒菜。"丈夫答道："你当然懂，我只是想让你体会一下，我办公时你在旁边喋喋不休的感觉如何。"——学会体谅他人，要学会站在对方的角度和立场看问题。水云间品牌温馨提醒您：家庭幸福需要夫妻间换位思考，共同经营。

这条短信的优点在于通过微故事的方式给顾客以生活智慧的启发，使顾客建立对品牌的情感与认同，一定要记得在故事的后面加上品牌的名字。

顾客个性化短信：

尊重的待忠老师，阿玛尼专卖店的新款风衣已经到店，期待您的品鉴。对了，上次您来的时候说自己的喉炎发作了，我们替您询问过中医，您出差、上课经常用嗓，适合喝罗汉果茶，希望您的咽炎早日康复。

这条短信的优点在于给顾客个性化的关怀，让顾客感觉被关注、被重视。用真情感动顾客，甚至让顾客觉得如果不买你们家的东西，会对不起导购，你就成功了。

节假日问候短信：

有多少时光在匆匆忙碌奔波中溜走，忘记留下一些给始终深爱自己的爱人。明月夜，不要拒绝团圆的机会：给爱人一个满满的拥抱，给孩子一个期许已久的赞美，或者坐下来陪父母久久地聊一段。中秋来临之际，××真诚地祝福您：合家团圆，幸福美满！

这条短信的优点在于不仅给予顾客节日的问候，还给予顾客关怀亲情的提示。

VIP的电话联络技巧

回想一下我们给VIP打电话的经历。是否每一个电话都达到了效果？是否每一个电话都没有令顾客反感？是否每一个电话都能吸引一位顾客进店？是否每次都能正确地传送信息？顾客在接到我们的电话后是否认真的倾听和理解？我们掌握正确的拨打VIP顾客电话技巧了吗？

通常我们给VIP打电话都是有明确的原因，比如说打折信息、新品推广、品牌活动、VIP回馈等。可为什么顾客会生硬的打断你的电话，甚至一开始就挂断呢？原因如下：

你的声音太过生硬，表达不流畅，半天说不清楚事情；

你根本没有和顾客建立长期，值得信任的关系，他没有理由多听你说一句话；

你表达的内容除了让他购物外，毫无情感，一无是处；

如果顾客表示出没有购买的兴趣，你就态度一百八十度大转弯。

那要如何做才有效果呢？

拨打VIP顾客电话的24字箴言：

态度亲和、声音甜美；

表达流畅、内容简约；

信息正确、善于倾听。

把故事放进VIP的电话里

打折活动的电话：

导购："张姐，您好，我是云中月专卖店的小孙。我们店从明天开始有三天的VIP特价日。您啥时候能过来呀？"

顾客："说不准。"

导购："张姐，我们的特价品里有今年的新款。都有好多顾客确定明天要来了，如果您晚了，可能新品会被选完哟。我建议您还是明天来看吧，下了班来都行。或者您喜欢哪款，我给您预留下来。"（制造热销氛围，让顾客抓紧时间来店）

顾客："嗯，上次看的那条花色连衣裤不错。"

导购："行，小孙给您留着啊。"

新品上架的电话：

导购："张姐，您好，我是云中月专卖店的小孙。我们店的春装已经上市了，您可以来店挑选一下。"

顾客："行，再说吧。"

导购："我们今年的春装新款结合了丹麦传统文化的元素，有几款还在米兰时装走秀周被评为新秀奖呢。您一定要来体验一下哟。"（一句话体现品牌文化与服装背后的内涵）

顾客："是吗，那周末来看看。"

品牌活动的电话：

导购："张姐，您好，我是云中月专卖店的小孙。我们品牌在周末举行VIP回馈活动，届时会有抽奖，最高奖品是一台数码相机哟。"

顾客："哎，不一定能抽到。"

导购："张姐，我们还专门邀请了国内知名的情感专家、畅销书作家许萌老师亲临现场讲授《如何成为幸福女人》，座位有限，您能来吗？我给您留座哟。"

顾客："不知道有时间没。"

导购："张姐，您知道吗？许萌老师档期很满，我们品牌请到她很不容易。有好多顾客已经预约了和她交流情感、亲子、夫妻相处等问题，她在这方面绝对是权威。如果您能来，我送您一本她最近很畅销的签名书吧。您知道吗？我们好多导购都在为自己的VIP顾客争取机会，我好不容易才为您预留到座位和书。"（通过故事与案例，告诉顾客活动对于她的价值，并且让他感觉到即使是免费的，也是来之不易。这样，顾客会更加珍惜机会）

顾客："你对我这么用心，行，我就来吧。我再带个朋友行不？"
导购："张姐，我们的票是很有限的，我去给您向店长申请一下吧。"
顾客："费心了啊。"

产品体验的电话：

导购："张先生，您好，我是健佳按摩器专卖店的小孙。我们店新到的一款电动按摩器非常适合您颈椎的保健，您有空过来体验一下哟。"

顾客："知道了。"

导购："张先生再打扰您两分钟。为您介绍一下我们产品在解决颈椎病问题时的有效性。"（打扰时间不用说得太长，一般顾客不会拒绝两分钟的）

顾客："嗯，我颈椎病很严重，方法想了很多，但是效果不是太好。"
导购："对，我们新一代的产品针对您的问题有三个优点：一是效果立竿见影，当天使用后就会明显感觉到头晕现象的改善，基本上所有到店体验的顾客在使用了半小时后表示当时就有效了；二是长久使用可以根治，如果您持续使用三个月，会根治颈椎问题，这一点已经在5000位使用了三个月以上的顾客中得到验证；三是使用方便，您不用天天去户外运动，就在家就可以用，携带也方便。您不是经常出差吗？按摩器体积小，带出门也方便。您啥时候到店来体验一下吧。"（三个优点都是针对顾客的，很有说服力，每个优点都有顾客的验证故事，有可信度）

顾客："行呀，我有空来看看。"

导购："我们这三天进店的顾客会有九折优惠，三天以后就恢复原价了。"（顾客考虑越久进店的可能就越小，我们需要给顾客一个立刻进店的理由）

顾客："行，我下午就来。"

十四、你的故事能处理棘手的顾客投诉吗

重新认识顾客投诉

顾客投诉是一件让导购头痛的事情，处理不好不仅会流失顾客，甚至还会打击销售，影响品牌的口碑。处理投诉如同处理危机一样，分解"危机"这两个字，危险的背后事实上就是机会，关键是我们是否有应对危机、处理投诉的能力。

导购要想提高处理投诉的技巧，首先要建立对投诉的正确认识。投诉到底意味着什么？

我们来看一组数据，并分析数据背后说明的问题：

经过统计后，我们发现，顾客投诉通常有三个原因：产品质量、服务水平和消费环境。对于产品质量的投诉率基本是100%的，但对于服务质量、消费环境的投诉率，事实上只有4%。而那96%的顾客会将自己的愤怒和不满告诉身边的16至20个人。品牌恶劣的口碑就是这样被传播出去的。

再来看一组关于顾客不满后的回头率数据：

- 不投诉的顾客回头率：9%
- 投诉没有得到解决的顾客回头率：19%
- 投诉得到解决的顾客回头率：54%
- 投诉被迅速解决的顾客回头率：82%

上述数据中，我们发现投诉比不投诉好，投诉后得到回应比不回应好，投诉后回应得到解决比不解决好，而迅速解决又比拖拖拉拉地处理好。

由此，我们得出两个结论：一是没有投诉并非好事，也不代表我们的服务品质有多高，相反可能代表着顾客对我们失去信心，根本不对我们的改变寄予任何希望。二是投诉是一次危机，如果处理得糟糕就是危险，如果处理得到位就是机会，并且是一次与顾客建立亲密关系的有利契机。

顾客投诉因我们而起

有时候顾客的愤怒是被导购的一句话引起的，所以说会说话的人一句话让人笑，不会说话的人一句话让人跳。

某日陪朋友去买鞋子，朋友在她的未婚夫陪同下，高高兴兴地走进鞋店，准备买一双长筒靴。一问价格2000多块，朋友当然是无所谓，反正是未婚夫付款，再说了，在我面前也是一件超有面子的事。朋友拿靴子来试，可穿了半天穿不进去，没办法呀，朋友的腿的确，呵呵，属于相当丰满那一种。问题的关键是那位神一般的导购，居然当着我和她未婚夫的面，直截了当地就说："姐儿，别捅了啊，丝袜都要捅破了。"我朋友当即气得脸都绿了，为了给自己找个台阶下，便问了句："哎呀，你们的码估计是比较偏小吧。"那位导购真是经典，回她一句："姐，您试的已经是加大码了，我们的鞋码在鞋界里都是偏大的。欧版的，知道吗？欧洲人的粗脚型。"啊！当时就看我朋友石化在那里了。她气得拉着未婚夫就准备离开。在她离开之时，我忍不住提醒了那位导购一句："小伙儿，您就不能说句好听的吗？你其实给那位姐姐说鞋子的码偏小不就行了吗？"还真是位不识时务的家伙，他理直气壮地回应我一句："您朋友的腿真的太粗啦！"天啦，真是食古不化。我朋友听到这句话，直接就说："好，你今天人身攻击，我去你们老板那里投诉你！"

于是，接下来就是一场恶战。所以，一次投诉的产生，排除产品的质量问题，可能就是因为导购的一句话、一个动作、一个眼神。看似一些小事，却导致了不可收拾的后果。

如何用故事处理棘手的投诉

第一步：把顾客带离卖场。

卖场如果出现了投诉顾客，特别是在卖场内大呼小叫闹事型的顾客，请导购高度注意。这类顾客事实上是希望通过这种小事搞大、大事搞乱的方式让卖场无法销售，最终"胁迫"导购达成赔偿自己的目的。我们并非说不去解决顾客的问题，而是不要让投诉成为我们销售的障碍，或是影响了品牌口碑。出现这类情况导购应该妥善地请顾客去洽谈室或安静的地方，不要影响销售。在安静的地方，顾客也会平静地对待自己的问题。

导购的引导话语：

"先生，真对不起。让您费心跑一趟。这样吧，为了更好地给您解决问题，请您到我们的休息室坐坐，喝杯水。我们在了解情况后，会处理您的问题的。"

这句话的关键之处在于，首先导购在没有搞清楚事情的真相之前，先要道歉。哪怕是顾客的原因，我们也要向他表示歉意。这样，顾客的气就消了一半。然后站在顾客的立场表达建议，请顾客去休息室沟通不是说为了怕他在专卖店里添麻烦，而是为了更好地沟通和解决问题。导购要记住，谈问题时，要站在顾客的角度。当然，还要记得给顾客倒上一杯温水，此时一杯温水可以平复顾客激动的心情。

第二步：听顾客诉说他的故事。

讲述自己事情时，有的顾客逻辑和条理性很强，而有的顾客则语无伦次，词不达意。对于表达不清、语言逻辑性差、讲话颠三倒四的顾客，导购要学会引导。例如："先生您刚才所说的事情是这样的吗？""先生，您的意思是说上午的时候……中午的时候，后来……是这样的吗？"在倾听时导购要表现出耐心，不要打断顾客，也不要盲目做出"谁的责任"的判断。

第三步：记录顾客的故事。

导购在倾听顾客投诉时，要将顾客讲述的要点进行记录。记录的主要目的有两个，一是如果投诉的处理时间较长或更换了处理人，顾客不用再次重复讲述自己的事件；另一个目的是，以免出现顾客前后表述不一。

记录可以采取5W2H的方式：

Why：顾客为什么而投诉或愤怒。

What：当时发生了什么事情。

Who: 有哪些人在顾客的投诉中。

Where: 发生在什么地方。

When: 发生的时间。

How to do: 顾客希望如何解决。

How much: 处理方法需要花费多少时间或成本。

导购可以通过询问的方式，使顾客将问题表述清楚。可以问一些开放式问题，即需要顾客回答详细信息的问题，例如："张先生，您所说的事情是发生在下午三点左右吗？""张先生，当时除了您和导购以外，还有谁呢？""张先生，您的事情我已经明白了，您对处理结果有什么建议呢？""张先生，你觉得哪些方面还不够好呢？"在询问时也可以加入一些封闭式问题，即只需要顾客回答"是"或者"不是"的问题。比如说："您对这个结果满意吗？""是导购先说出这句话的吗？""您当时是明确提出来要更换的吗？"在询问封闭式问题时，不要一连串的只让顾客回答："是或者不是"，顾客会感觉到如同被审问一般。

试想一下，如果处理投诉的人连问顾客五个封闭式问题，会是什么结果？

导购："您当时是一个人吗？"

顾客："当然啦。"

导购："您当时没看清楚面料的含量吗？"

顾客："看清楚了。"

导购："您当时没发现面料的比例有差异吗？"

顾客："没有。"

导购："您当时没表示出异议吧？"

顾客："你是在审问犯人吗？"

导购要把封闭式问题和开放式问题结合起来使用，询问顾客的效果才会更理想。

导购在倾听了顾客的投诉后，要懂得复盘，即将顾客的讲述再重复一次，以确定信息的准确性。

第四步：用3F法则给顾客讲述自己或其他顾客的故事。

运用3F法则，陈述自己或其他顾客的故事，以求达成共识。

Fell:我完全理解你的感觉（详细说出顾客的感受）。

Felt:我曾经有过相同的感受（说比顾客还惨的故事和案例）。

Found:告诉顾客我们发现的事实或是给顾客解决问题的建议（通过前两步的心理按摩，到这一步，顾客会更容易接受我们的建议，比一上来就给顾客建议好多了）。

顾客："在你们家买的红枣，冰箱里放了一周，拿出来全烂掉了，肯定是有质量问题。"

导购："是的，我完全理解您的心情。花了钱买这么好的枣没吃几颗就都烂掉了，肯定心里特生气。"

顾客："是呀，说明你们的东西有质量问题。"

导购："太太，之前也有顾客反映说担心吃不完要放在冰箱里，结果放了不到三天就在冰箱里坏掉了。这种事情发生过，并且她买得比您还多呢。"

顾客："那可不更惨呢。"

导购："是的，太太，我们的包装袋上面明确注明不能放入冰箱冷冻的。我建议您在购买的时候一次性不买太多，吃完以后再到店里来拿。即使买多了，放在外面通风的地方就好，一般一周以内是不会坏掉的。下次可千万别再放冰箱了。"

> 顾客:"你看,我怎么没发现袋上有标识呢?我年龄大了,老眼昏花看不清楚。"
>
> 导购:"没事,还好,这次坏掉的不是太多。我送您一个我们店的特制保鲜盒吧,下次就放在这里面。"
>
> 顾客:"哎呀,那谢谢了啊,下次我注意一下。"

这样的表述结构,顾客更容易接受。如果一上来就质问顾客:"你怎么没看清楚外面有标识呢。这不是我们的责任,是你自己的问题。"那顾客一定会说:"是你们没说清楚,你们要赔偿我。"所以,顾客的愤怒通常是被我们激发的,我们相信绝大多数的顾客是讲道理的。

第五步:先处理能解决的问题。

顾客在处理投诉时最害怕听到的话有:"马上就来,一会就好,你等消息吧",中国人的所说的"马上"是非常可怕的,你不知道这个马上是"十分钟"还是"一个小时"或者是"一天",所以在回复顾客解决问题的时间时一定要明确。正如在肯德基点餐时,服务员会正面并准确地回应顾客:"先生,您的鸡腿还有十五分钟。"虽说十五分钟会比较长,但顾客心里很踏实,因为他知道准确的时间是多久,结果哪怕是提前了一分钟,顾客都认为是意外的惊喜。而中国餐馆吃饭,客人问服务员还有多久?服务员的答复都是:"马上就好。"或者:"比较久哟。"顾客会非常不安,这个"马上好"到底是多久呢?结果也许比肯德基还要快些,客人依然不会满意,因为他心里的预期可能是三分钟或者五分钟。

因此,我们在处理投诉时,先要解决立即可以办到的事情。比如说:"先生,您的扣子我们已经给您更换了。对于您所提出来的赔偿问题,我们正在用电话和总部沟通。为了将您的问题反映得更详细一些,我们大概需要耽误您20分钟的时间,您可以先休息一下。"顾客至少会觉得,我们正在积极处理他的问题，无论最终结果如何，但至少我们的态度是积极的。

第六步：给顾客明确的答复。

即使把能够解决的问题立即处理了，也要对接下来的发展给顾客一个清晰的交代，使顾客有安全感。我们看看下面哪个答复，顾客更容易接受。

　　导购A："先生，您的表鉴定需要时间，维修也需要时间，到时候结果出来了，我们通知您。对于我们是否可以赔偿您的问题，我们只有看结果了。"

顾客听到这样的答复，肯定没有安全感：什么时候去修？何时鉴定？谁出结果？我什么时候知道结果？我的赔偿有望吗？到底有没有一个公正的机关来判断？你们不会坑我吧？

　　导购B："先生，您的表我们已经于今天送去鉴定和修理了，对于是否是质量问题，国家认可的鉴定机构会在三个工作日给出结果，我们也会在第一时间通知到您。如果鉴定结果是我们表的质量问题，我们会在五个工作日内对您的表进行调换或者退还您等额的现金；如果经鉴定后是使用过程中的不当，我们会进行维修，并按规定收取维修费用。整个过程，您有任何的不解都可以打我的手机进行询问。如果您对结果有什么疑问，我可以给您一个国家鉴定部门的电话，您也可以随时跟进。其实您完全不必担心，因为好多顾客购买的几十万一块的表所进行送检和维修的流程和您都是一样的，他们对我们的处理结果都很满意，毕竟我们是一家百年老店，值得您信赖。我们不会为了一块表损害我们好不容易建立的品牌口碑，请相信我们。"

听到这样的答案，如果你是顾客你是不是特别的放心。清晰地知道时间、地点、责任人,并且还有案例列举,顾客此时对结果就已经认同了。

第七步:做一些意外感动顾客的事。

顾客在投诉时有可能带有情绪,有时候会出言不逊,有时候会行为过激。作为导购来说,要有一颗包容的心,用平常心来看待顾客的行为。也许他可能是家庭不和,把情绪发泄到我们身上,或者是事业上受了打击,心情不爽。总之这个世界上没有无缘无故的爱恨。我们要淡然处之,不放在心上,如果能以德报怨,说不定还能收获意外的友情。

我就遇到过一位导购,在当班那天,一位女性顾客进店来百般挑剔,甚至有点无理取闹,说了很多伤人的话,可这位导购心态良好,一直是好言相劝、默默忍受,仍然没有感动到那位顾客。几天以后,她收到一束康乃馨,上面有张卡片写着:"对不起,那天我结束了自己十二年的婚姻,找不到地方发泄情绪,把气出到了你的身上。你是一个好人,我要谢谢你,也深深地向你表示我的歉意。"

优秀的导购会在处理完投诉以后,再次给顾客一份惊喜,加深他对品牌的认同感。我收到过一封来自一家干洗店的致歉信,原文如下:

致歉信

尊敬的陈待忠先生:

在给您写这封信时,我们全店员工带着无比愧疚的心情。您上周送洗的一件大衣上面有三处污渍,其中在领口处的小白点,我们使用所有方法都没有完美解决。我们建议您将衣服送至专卖店进行重新的染色处理。为了表达我们的歉意,我们决定如下:

第一,免收您此次的干洗费;

第二,免费赠送您一次干洗衬衫的机会;

第三,将您的情况向我们的总部反映,希望在未来能解决类似的问题，让更多相同问题的顾客不会为此而烦恼。

再次向您表示歉意，并将干洗费和免洗券一并送上。

××干洗店店长×××

说实在的，看到这封信，我都觉得自己不好意思了。于是安排家人一口气在他们家买了2 000元的干洗卡。以后就在他们家干洗衣服了。我的案例也代表着无数顾客的心声，让顾客意外惊喜的最终受益者必定是商家。

第八步：持续改善，杜绝再次发生。

常言道：失败是成功的妈妈，那谁是成功的爸爸呢？各位导购想过这个问题吗？人其实不怕犯错，关键是不能老在一个地方跌倒。所以，成功的爸爸是"总结"，如果失败后，善于总结，那离成功就不远了。投诉处理完以后，哪怕处理得再妥当，顾客再满意，如果没有总结，也是不完美的。我们要想想，是什么原因引发了这次投诉？是流程的问题？制度的问题？导购本身的能力问题？导购的态度问题？信息的传递问题？是否需要进行相应的调整？如果再出现类似的问题，该如何应对？想明白了，在晨会的时候进行通报与总结，以防问题再次发生。

第四章

用故事征服不同性格的顾客

一、征服顾客要先解码顾客的性格密码
二、解读顾客性格与消费行为
三、活泼型顾客爱听"美好"的故事
四、强势型顾客爱听"结果"的故事
五、分析型顾客爱听"真实"的故事
六、和平型顾客爱听"关爱"的故事

一、征服顾客要先解码顾客的性格密码

每次培训时,导购们针对如何搞定不同性格的顾客总是有很多问题。"陈老师,有的顾客一句话都不说,属于'打死都不说'的类型。我怎么问他,他也不说话。我该怎么办呢?""陈老师,有的顾客特别强势,根本不容我说话,我如何应对?""陈老师,有的顾客话比我还多,我该说还是不说?""有的顾客一问三不知,怎么办?"

不同的性格决定着他的语言、动作、行为,自然会影响他的购买决定。如果每位导购都能识别顾客性格、掌握顾客心理、引导顾客思维,那成交是自然而然的事情。

在终端销售的过程中,我们会发现,不同性格的顾客会有不一样的思维模式、购买行为、决策方式。例如:有的顾客沉默寡言,有的顾客激情洋溢,而有的顾客速战速决、快刀斩乱麻,这都因为他们有着不同的性格。面对不同性格的顾客,如果能"对症下药",我们更容易与顾客快速建立信任关系,达成交易,长期合作。同样,如果我们能识别自己的性格特质,一样能发挥自己在销售中的优势。同时,这也是一件有趣的事情,当你了解了不同人的性格后,每个人都变得可爱和有特色,似乎这个世界并没有讨厌的人,只有与自己性格相同或互补的人。我们会明白一个道理:同样一件事情,用不同的陈述方法、表达结构、行为方式向不同性格的人讲述,效果完全不一样。

认识性格

人的性格大体分为四种，目前被大量运用到企业的招聘和销售中。销售人员识别顾客性格，可以有效地与顾客互动，与顾客建立良好的关系，最终提升销量。顾客性格特征类型如表 4-1 所示。

表 4-1　顾客性格特征类型

性格特征	主要性格特点
强势型	外向、行动派、权威者、领导者，有明确目标，强势，喜欢控制他人。
活泼型	外向、乐观、善于表达，喜欢交朋友，乐于社交。
分析型	内向、思考型、少言寡语、严肃严谨、追求完美、注重细节。
和平型	内向、处事低调、追求和平、做事耐心、体贴他人。

测试自己的性格

我们用一份简单的性格测评表，先来了解一下自己的性格特征，然后发现自己在销售中的优点与不足，再做针对性的改善。

DISC性格测评表（简易版）

请在每一道题中挑选一个与您的性格最相近的形容词（每题必做，单选，如果发现有多个选项比较符合，请选择最符合的一项）。回答问题时，请想象自己身处平常工作环境中。题目无关对错，你只需依直觉回答。请在选择的答案上打勾。

1. A 活泼生动　　B 敢于冒险　　C 善于分析　　D 适应性强
2. A 爱好娱乐　　B 善于说服　　C 坚持不懈　　D 平和
3. A 善于社交　　B 意志坚定　　C 自我牺牲　　D 不爱争辩
4. A 使人认同　　B 喜好竞争　　C 体贴他人　　D 自控性好
5. A 感染他人　　B 善于应变　　C 令人尊敬　　D 含蓄

6. A 生机勃勃	B 自立性强	C 敏感多疑	D 易满足
7. A 推动发展	B 积极参与	C 计划性强	D 有耐性
8. A 无拘无束	B 果断	C 时间性强	D 羞涩
9. A 乐观	B 坦率	C 井井有条	D 迁就他人
10. A 有趣	B 强迫自我	C 忠诚	D 友善
11. A 可爱	B 勇敢	C 注意细节	D 外交手腕
12. A 让人高兴	B 自信	C 文化修养	D 贯彻始终
13. A 富激励性	B 独立	C 理想主义	D 无攻击性
14. A 情感外露	B 果断	C 深沉	D 淡然幽默
15. A 喜交朋友	B 发起事端	C 爱音乐	D 调解者
16. A 多言	B 执著	C 考虑周到	D 容忍他人
17. A 活力充沛	B 领导者	C 有约束力	D 聆听者
18. A 让人喜爱	B 首领角色	C 擅制图	D 知足
19. A 受欢迎	B 勤劳	C 完美主义	D 和气
20. A 思维跳跃	B 无畏	C 规范性强	D 平衡
21. A 露骨	B 专横	C 乏味	D 扭捏
22. A 散漫	B 缺乏同情心	C 不宽恕	D 缺乏热情
23. A 唠叨	B 逆反	C 怨恨	D 有所保留
24. A 健忘	B 率直	C 挑剔	D 胆小
25. A 好插嘴	B 没耐性	C 优柔寡断	D 无安全感
26. A 难预测	B 直截了当	C 过于严肃	D 不参与
27. A 即兴	B 固执	C 难于取悦	D 犹豫不决
28. A 放任	B 自负	C 悲观	D 平淡
29. A 易怒	B 好争吵	C 孤芳自赏	D 没有目标
30. A 天真	B 鲁莽	C 消极	D 冷漠

31.A 喜获认同	B 工作狂	C 不善交际	D 担忧
32.A 喋喋不休	B 不圆滑老练	C 过分敏感	D 胆怯
33.A 杂乱无章	B 跋扈	C 抑郁	D 腼腆
34.A 缺乏毅力	B 不容忍	C 内向	D 无异议
35.A 零乱	B 爱操纵	C 情绪化	D 喃喃自语
36.A 好表现	B 顽固	C 有戒心	D 缓慢
37.A 大嗓门	B 统治欲	C 孤僻	D 懒惰
38.A 不专注	B 易怒	C 多疑	D 拖延
39.A 烦躁	B 轻率	C 爱报复	D 勉强
40.A 善变	B 狡猾	C 好批评	D 妥协

请汇总一下，分别有多少个A、B、C、D。

A最多的为活泼型；

B最多的为强势型；

C最多的为分析型；

D最多的为和平型。

当然，人的性格不可能只是这四种类型，会有交叉的性格存在。只是有的性格特点是主要的，有的是次要的，因而人的性格也是相对复杂的。

发现自我之旅

（1）活泼型导购——店里的开心果。

活泼型导购的优点：活泼型的导购是店里最活泼的人，往往扮演着开心果的角色，通常是极具人气又受人喜爱的导购。活泼型的人一天到晚精力无限，在一群人里面说话最多，天生希望成为焦点，具有极强的好奇心，既热情又热心，天生具有超强的表达能力，干劲十足却缺乏毅力，做起事情来又好表现。活泼型的人自我意识比较强，以自己的快乐为主。在

第四章
用故事征服不同性格的顾客

店里边，你听到最多的爽朗笑声就来自活泼型的导购。有他们的地方一定是充满着阳光、欢乐和笑声的。活泼型的导购很受顾客的喜爱，也善于用感染力影响顾客的决策，亲和力强、热情度高，往往最容易打动顾客，而使顾客做出购买的决定。

活泼型导购的不足之处： 活泼型的导购容易以自己为中心，独霸主题，不让别人表达观点，又爱打断他人的谈话。常常一时头脑发热就承诺顾客去做自己做不到的事情，结果得罪顾客。活泼型的人注意力不集中，又不善于倾听顾客的感受。虽然会有很多朋友，但深交的朋友不太多。在店里可以做很多喜好的事情，但缺乏毅力。活泼型的导购说话比较夸张，所以往往在表达产品特点、作用时容易出现夸大的情形。如果顾客退货是因为活泼型导购说话夸张导致的，也很正常。

活泼型的导购应如何改善：

• 多倾听顾客的感受，管住自己的嘴，不要一激动就说言过其词，或者说些得罪他人的话；

• 控制自己的情绪，有时候自己的情绪会受到顾客的影响；

• 对产品的评价可以说得很精彩，但不要偏离事实，以防引发投诉与退货；

• 提升记忆力，记住顾客的名字；

• 要脚踏实地干完一件事情，不能只注重表面现象；

• 要计划完成任务，加强工作的计划性，有时间概念；

• 不要轻易承诺顾客，一旦承诺就要信守诺言；

• 遵专卖店的规定，不要一味讨好顾客，而违反规定。

活泼型的导购在销售时应发挥的最大魅力：

• 发挥自己的感染力与语言的魅力，因为活泼型的导购真的很能说；

• 展现自己的亲和力，因为活泼型的导购真的很爱笑，很容易结交朋友；

- 展现自己的热情与热心,因为活泼型的导购真的想帮助他人;
- 发挥自己的创意与创新能力,把平凡的工作做得有新意;
- 发挥自己的灵活性,迅速处理好棘手的投诉和突发事件。

活泼型导购的经典案例:

我曾经在专卖店里遇到一位活泼型的导购,给我推荐一款时装。推荐的时候说得有点天花乱坠:"姐姐,以您的气质,说实在的,就算是几十块钱一件的衣服也能穿出上千块钱的感觉。您看这件黑色的蕾丝连衣裙,您参加朋友婚礼一定是众目睽睽的焦点。您可是我们遇到的最有气质的姐姐啦。"那位美女导购说得表情夸张,满脸堆笑。我当时就乐了,我对她讲:"还好我不和你计较,如果你遇到一位较真的人,就会觉得你说话夸张了。那件黑色的蕾丝参加婚礼显然是不合适的,参加葬礼还适合些。"

对活泼型导购的综合评价:

热情状态:★★★★★

服务水平:★★★★★

销售技巧:★★★★★

目标达成:★★★★

工作计划:★

情绪控制:★★

(2) 强势型导购——店里的行动派。

强势型导购的优点:强势型的导购是店里最有目标性和决策力的人物,往往扮演着领导者的角色,是店里销售推进力最强、目标感最明确、自我施压最大的人。强势型的人喜欢万事做主,天生一副领导他人的模样;行动力强,目标坚定,有战斗力,强势、做事比较主观。即使面对别人的嘲笑与误解，也不会放弃自己的目标。对于强势型的导购来说，最关注店里的目标达成，最在意是否征服了他的老板、同事、顾客。成为专卖店里最优秀的导购，是他们的工作动力与目标，因为他们把赢得胜利看得十分重要。

强势型导购的不足：过于武断与强势，不太在意他人的感受，所以强势型的导购会容易与顾客争吵，在处理投诉时不依不饶，非要争个输赢。即使和同事相处也争强好胜，命令他人、武断决策，因此人际关系较差。自己做错事情或犯了错误也打死不会承认。强势型的人如果不能得到别人的支持，即使有再好的决策也会毫无结果。

强势型的导购在做销售时如何改善：

•倾听顾客的感受，在意顾客的感觉，多一点耐心；

•不要催促顾客做决定，让顾客有思考的时间；

•不要威胁顾客做出某个决定；

•说话不要太生硬，不要得罪他人还不自知；

•多一些微笑与亲和力；

•懂得认错，学会说"对不起"；

•不要太在意输赢，输不起的人也赢不起；

•销售时不要给顾客太大的压力；

•通过团队协作的方式来完成销售，不要以为"老子天下第一"，"没有自己地球就不能转了"，"其他人都是被我养活的，这个店没我不行"。

强势型导购在销售时应发挥的最大魅力：

•速战速决；

•性情中人在遇到也是性情中人时，往往有意想不到的收获；

•有目标，清晰地知道自己想要什么；

•有推行力与行动力，带领团队达成业绩目标；

- 性格外向，善于表达，有激情与创意；
- 关键时候能起到团队的带头作用；
- 团队中没有方向感与目标感的时候，带领大家寻找方向，达成目标；
- 果断作出决定，对事物能快速作出判断。

强势型导购的经典案例：

强势型导购在销售时的推进力最强，有时候会给顾客压力。我在买抽油烟机的时候，那位导购在我还没有考虑成熟的时候就对我说："女士，就买这款了。我已经给你说过三遍了，我也不想再重复了。你选择其他款绝对要后悔的！不相信我你早晚要吃亏！"说实在的，那位导购说完后，我心里很不高兴。我选择哪款我都还没想好呢，你就让我做决定。再说了，我都是成年人了，不需要谁来替我安排什么。就算是他说的话是正确的，也不能这样和顾客说话。顾客多半会在这种压力下离开。

综合评价：

热情状态：★★★

服务水平：★★★★

销售技巧：★★★★

目标达成：★★★★

工作计划：★★

情绪控制：★

（3）分析型导购——店里的思考者。

分析型导购的优点：分析型导购是店里最细致的人，做事有策略，有步骤，按部就班地行动、直至目标达成。他们总是能发现问题的核心，一针见血的指明问题。所以，分析型导购是店里做事最仔细、认真并追求完美的人，不允许任何过错，不放过任何机会。分析型导购在做销售时善于倾听顾客的感受，敏感细腻的性格使他更容易察觉到顾客的内心，所以，一旦与顾客建立信任关系，顾客会将这样的导购视为知己，极其信任，并甚至将自己的决定交给导购。分析型的导购也很会关心他人，包括顾客、同事。他们对人、对事忠诚度很高，如果是重要的事情交付给他们，一旦获得了他们的承诺，他们就会按计划、步骤达成目标，过程中也会高标准要求他人和自己。分析型导购给人以技术专家的感觉，所以，在销售时扮演"顾问式销售"的角色是最适合的，通常顾客会把他们当做行业专家并向他们请教。

分析型导购的不足：这类性格的人决策时优柔寡断，有时也容易产生抑郁的情绪，多半是因为对自己和他人要求太高。分析型导购在接待顾客时会由于过于严谨和追求细节，而失去成交的最佳时机，在介绍产品时欠缺感染力，缺乏活力和激情。遇到同样认真或是较真的顾客，如果提出批评意见，分析型的导购是最不容易接受的。因为他们觉得自己已经做得很好了，怎么会有问题存在呢。分析型导购原则性极强，如果公司有一套设计好的"游戏规则"，他们通常不会越雷池半步。所以，遇到需要灵活处理的事情时，他们往往只会墨守成规，难以灵活应对。

分析型导购在做销售时应如何改善：

• 每天为自己增加一份快乐，多去看事物的正面，不去想消极的部分；

• 在新的环境不要老想着去改变环境，要多想想自己如何适应，如何自我变化；

• 不要只做计划，执行与行动有时候比单纯的完美计划更有效；

• 放宽对自己和别人的要求，每天多些笑容和对他人的肯定；

• 多发现他人的优点，对他人，包括同事、顾客多一些的赞美；

•制度是死的，人是活的，不要只迷信于某个标准，黑白之间还有灰色地带，以辩证的眼光看待事物；

•介绍产品时，增加一些感情成分，比如激情与感染力；

•不要太介意顾客的批评，每个人的观点与立场不同，学会包容他人的意见；

•不用太在意顾客的某些话语，有时候他们只是一时头脑发热，不用过于敏感；

•不要过于追求完美，一次达不成目标，有不断的改进就很好。

分析型导购在销售时应发挥的最大魅力：

•发挥自己的敏感性优势，捕捉到顾客内心最深层的需求，以说服顾客；

•发挥自己的计划性优势，公司、店长交代的任务按部就班的执行；

•发挥自己的严谨性优势，为顾客介绍时思路清晰、观点明确、条理性强；

•发挥倾听的特质，耐心地接受顾客的唠叨；

•发挥自己的信任优势，与顾客建立起信任关系，可以为你创造更多的忠诚顾客；

•发挥自己专家式的"顾客式销售"角色，让顾客更相信你的专业权威性；

•发挥自己对流程、制图、计算、数字的敏感性优势，为专卖店的陈列、计算盈亏平衡、

•货品管理等工作多出些力；

•发挥自己对数字的敏感性优势，学会为顾客算账。

分析型导购的经典案例：

分析型导购在介绍产品时准确性和逻辑性是最强的。我和先生买手表时，遇到一位分析型导购，我先生问他："这块表的准确性如何？"他的答案令我们对他的专业性欣赏不已。他对我们说："先生，一款表的走时精准与否受八个方面的影响，分别是外部环境、摩擦力、快慢针、擒纵结构、温度影响、磁场环境、游丝平衡、摆轮平衡……"然后，这位导购花了近15分钟的时间把这八个方面进行了详细的讲解，又说明了自己的表的精准程度。我们当即决定在他的店里购表，实在觉得他太专业了。

综合评价：

热情状态：★★

服务水平：★★★★

销售技巧：★★★

目标达成：★★★★

工作计划：★★★★★

情绪控制：★★★★

(4) 和平型的导购——店里的和事佬。

和平型导购的优点：和平型导购是店里为人最谦虚、平静、有耐心的，基本不会和人发生冲突。和这样的导购在一起，同事、顾客会有一种轻松的感觉。他们没有攻击性，也不让人有压力感，会很好地倾听顾客的感受，并谨慎表达自己的情感。他们平和的心态甚至会让在店内惹事的人也无处下手，连对手也抓不住他们的把柄。他们对待顾客的态度总是亲切而平静，表达观点时不太直接，害怕伤害他人，说话比较委婉，发生冲突时是最好的平息风暴的人。所以，店中的和事佬角色，他们当之无愧。在处理顾客投诉或销售过程中，他们也很容易站在顾客的角度考虑问题，不会给顾客太大压力。和平型导购即使每天重复相同的工作，也不会觉得无聊，他们会兢兢业业地坚持下去。同事、顾客有什么心事，找他们去倾诉最为合适，他们总是能平静地倾听他人的感受，为他人提供默默的支持与鼓励。他们虽然性格内向，但很在意他人的感觉，关心他人，以他人的情绪和满意为中心。

和平型导购的不足：虽说这类性格的导购不会让顾客有压力，也比较有亲和力，但是销售推进力不足，目标性差。他们觉得大家好就行，不必介意是否达成目标，这是做销售最头痛的问题。和平型的导购做事比较马虎，给顾客拿错东西也是常事，做事主见性不足，通常不知道如何给顾客出主意，会叫顾客随意选择，由于推进力不足而最终丧失成交的机会。和平型的导购比较抵制变化，销售方式发生改变，销售的环境发生改变，合作的伙伴发生改变，都会令他们感到不安。

和平型的导购在做销售时应如何改善：

• 在意目标，清晰地知道店里每年、每月、每天的销售目标；

• 适应变化，主动创新，可以在店里主动做一些有创意的事情，比如调整陈列、改变终端氛围等；

• 销售状态比较懒惰，主动达成目标的意识较差，需要强势型的人监督与指导完成工作；

• 学会承担责任，店长交代的工作不要拖拉，更不能逃避，对自己的工作和任务结果负责；

• 心中有何想法要主动表达，不要选择沉默或是生闷气，在团队里要表达自己的观点；

• 学会对无理的要求说"不"，懂得如何拒绝顾客的无理要求；

• 在销售中增加推进力，给顾客明确的销售建议与选择，让顾客做出决定。

和平型导购在销售时发挥的最大魅力：

•发挥自己的轻松感优势，在销售的初期让顾客放松是很有必要的；

•发挥倾听能力，用自己的善解人意去征服顾客；

•发挥自己的和事佬角色，在销售合作中为其他导购做好配合与支持工作；

•发挥自己的外交能力，使用委婉的语言让顾客接受自己的观点；

•发挥自己的柔性优势，使投诉的顾客，平息怒火，接受建议。

和平型导购的经典案例：

我曾经遇到过一位和平型导购，她把一双鞋子全部拿成了左脚，害我又跑了一趟。去换货时，她真诚致歉，我都不好意思再发火了。和平型的导购好像做事总有点马马虎虎，其实并无恶意，只是性格使然。

综合评价：

热情状态：★★★★★

服务水平：★★★★★

销售技巧：★★

目标达成：★★

工作计划：★★★

情绪控制：★★★★★

二、解读顾客性格与消费行为

了解了DISC性格系统后，我们用这套系统认清了自己的优点与不足。并学会了发挥优势，规避不足。有些导购会问，我们怎么在短时间内发现顾客的性格倾向呢？我们教给大家一些易上手、简单容易的识别方法。

第一种方法：看面相

俗话说得好，面由心生。活泼型的人通常都属微胖界，脸都是圆圆的，因为他们粗线条，心无城府，经常是没心没肺地开心，所以长得胖圆胖圆。我认识好多活泼型的朋友，减肥基本是徒劳，经常是越减越肥。而分析型的人，通常都是吃再多也长不胖的人，总是一幅清瘦的样子，有时还外加一副眼镜，目光犀利，表情严肃，很有技术专家的模样。强势型的人大多都是国字脸，面部长得方方正正，目光坚定，常板着一张脸。和平型的人通常都是表情平和，少言少语，给人安静的感觉。

第二种方法：观察身体语言

顾客进店时，我们可以通过他们的身体语言判断他们的性格特征。我们做了一个列表，来展现四种性格的人的常用身体语言。

表4-2　四种性格的顾客进店时的不同表现

性格	身体语言
活泼型顾客	1.外在：打扮花哨，着装大胆、突出，因为他们渴望成为众人的亮点。 2.会主动找导购攀谈，态度热情，甚至有时候比导购还热情。 3.走进店来一般都缺乏目的性，购物很随意、随性。 4.自言自语，把服装往自己身上比划。 5.主动与导购沟通时声音响亮，面部表情丰富。
强势型顾客	1.外在：领导的形象，给人的感觉不是老板，就是经理；打扮比较大气、硬朗，或者根本不修边幅。 2.风风火火，直达目标，招呼导购也是以命令式的语气。 3.如果发现自己没有得到必要的关注，会立即火冒三丈。 4.语速很快，声调高，很有财大气粗的感觉，表达的时候面无表情，浑身一股霸气。

(续表)

性格	身体语言
分析型顾客	1.外在：总是打扮得干净、整洁，头发都会梳理得整整齐齐，皮鞋擦得亮闪闪；很讲究自己的外在，认真至某个细节。 2.缓慢走进店内，悄无声息。 3.很专注地关注产品，或者直接走到自己感兴趣的货品面前。 4.面对导购的询问也不会发表太多的意见，通常是导购问五句，他只回答一句；不会主动与导购攀谈，也不会过多的回应。 5.如果一进店，导购就过于热情，他们反而会感到不舒适，而选择离开。
和平型顾客	1.外在：比较朴素，多以素色、简单的打扮为主，不会选择太张扬的装束。 2.缓慢走进店面，目光游离，犹犹豫豫，不愿意和导购有目光接触。

表4-3 四种性格的顾客发现喜爱商品时的不同表现

性格	表达语言
活泼型顾客	很夸张："哇喔，好漂亮哟！""啊！好便宜哟！打三折耶！""什么，还有赠品呀？太棒啦！""这件超好看的。" 活泼型顾客说是说得激动，但去不去试衣却是另一回事，兴许她只是夸张的表现一下自己的心情而已。
强势型顾客	很强势："导购，快把这件拿下来给我看。"或者直截了当："这件多少钱？"绝不浪费时间地问导购："这件有黑色、大号的，我能穿的吗？"直接以结果为导向："你觉得我穿这件好看吗？"甚至直接进入议价环节："这个给我打个对折。"
分析型顾客	兴许真的是半天没有一句话，是我们最头痛的"打死不说的主儿"，即使看见自己喜欢的，可能也只是默默思考。其实这类顾客内心已经涌现出无数个问题，可是觉得不到时候问的绝不开口。
和平型顾客	看到自己喜欢的东西也会慢慢的拿在手中翻看。或者询问导购："这个有用吗？""效果如何呢？""如果谁用，他们会喜欢吗？"因为和平型的顾客会关注他人的感受。

表 4-4　四种性格的人讲价时的不同表现

性格	表达语言
活泼型顾客	"便宜点吧，下次给你介绍我的朋友来。我的朋友都很有钱的，少说也有好几十个吧。我给你说，我认识的人，那可是城中富豪级的！交个朋友啦。"活泼型的顾客随时炫耀自己，随时随地自我感觉良好。
强势型顾客	"废话少说，直接说可以打几折？""什么才九折，我给你说，你们老板和我关系不错，上次打的八折。""你不给我折扣，我去其他地方看。"说完，如果导购没有快速反应，说不定真是一去不回头。因为，强势型的人特要面子，打死也不认错。
分析型顾客	"我之所以要让你打折，原因有三个，第一……第二……第三……"分析型顾客如同唐僧说经一般喋喋不休。导购有要耐心和仔细倾听的心理准备。
和平型顾客	"这样，你给我优惠点。"如果没有达成目标，可能会坚持留下来，和你耗时间，因为和平型的顾客有的是耐心。

表 4-5　四种性格的顾客投诉时的不同表现

性格	表达语言
活泼型顾客	活泼型的顾客如果能帮你讲话，她会是非常好的销售人员。但如果她一激动起来，也是很不容易控制情绪的："你今天不给我换，我就写信给你们老板，让你的老板开除你！"
强势型顾客	有可能会直接将货品扔到导购身上："你换不换，今天你不换，你看我要……""你再不决定，我打110了。"强势型的总想把小事搞大，大事搞乱。
分析型顾客	"你们就不要再说废话了，说好话也没用，直接告诉我处理结果就行，还有什么时候处理？什么时候有结果？你们都要概说清楚，我对你们店已经彻底失望了，太没诚信了，下次肯定不来了。"分析顾客就是这样的直接，很在意结果，也在意过程，一旦认为自己被骗了，就再不相信对方了。
和平型顾客	状态会比较柔弱，但仍然会坚持下去："帮帮忙，给我退了吧。对于我来说，这已经很贵了。""谢谢你们了，给我退了吧，我们赚钱也不容易。"

表4-6　四种性格顾客的消费观点

性格	消费观点
活泼型顾客	喜欢就买，不高兴也买、激动了买，好看了也买，想买就买，明星买了我也买，同事都有我也要有，大家都买我也买。什么都是理由，或者根本不需要任何购买的理由，通常是冲动型消费的顾客类型。逛街本来就是一种娱乐和解压的方式。最后东西买回家，一无用处或者根本不用也是常事。逛街购物物本身就是消遣。
强势型顾客	有目的性的购物，不会浪费时间在逛街和选择东西上，其实心中早就已经有了明确的答案，也不太会受他人影响。一般不会购买没有实用价值的物品。比较固执，想好的事情不会轻易改变。
分析型顾客	有计划、有目的地购物，会花很长的时间进行分析、比较、思考，哪怕浪费点时间也是可以接受的。关注细节，在意他人的评价，一定要选择到精品中的精品，所以，分析型的顾客选择的东西基本都是精品。
和平型顾客	在意实用性，在意价格，在意性价比，最在意的还是他人的评价，当然这个他人肯定是自己最关注的人。

三、活泼型顾客爱听"美好"的故事

搞定活泼型的顾客要先了解一下他们的特点

　　活泼型的顾客个性豪爽，决策果断，只要感觉好就会购买，不太讲究东西的实用性；他们的思维方式以人为导向，只要销售的氛围友好，人与人之间相处愉快，作为朋友关系买你一些东西也是可能的；（我就听到过一位活泼型顾客这样说："啊呀，和你聊了这么久，耽误你这么多的时间，真是不好意思。这样吧，我本来也没有消费的打算，我就买你们店里两个枕头吧，算是感谢你了。"）

　　他们好奇心强，喜欢问东问西，可是问的往往不是什么关键性的问题。比如说："咦，你们店里那个外国人是你们老板吗？他是哪个国家的人？年龄多大？在中国多久了？结婚没有呀？"感觉很八卦。

他们如果觉得你是他们的朋友，他们会很快付出自己的真心，不亦乐乎地为你介绍客户，帮你推荐产品，专卖店里好像他才是销售的主导者。

如果他们对你没有好印象，他们也会到处去说，影响品牌的形象，我曾经遇到过一位活泼型的顾客，她去专卖店买东西时受了冷落，那天便逢人就说："我给你们讲哈，那家店里的导购，个个都不是好东西，今天差点被他们赶出店门了。以后你们千万别去那家贼店，到时候怎么被整死的，你们都不知道。"看她说得那么夸张，我都觉得有点搞笑。事实根本不是她所说的那样，可她描述起来的时候，就像是位话剧演员，那天听她诉说的人都信以为真了，活泼型的人说服能力的确特别强。

搞定活泼型顾客要学会赞美

活泼型顾客进店，请先给个赞美，夸张一点点是可以的，但一定要赞美到点子上。我就遇到过一位活泼型的顾客，长得相当丰满，基本属于肥胖型的人了。进店后就和导购说笑，声音特别大。她试穿了一条长裤，说在实的，我也没发现有什么特别的地方。而那位导购赞美了她一句："姐儿，气质超有明星范儿，比范冰冰还漂亮哟。"我当时就愣在那里了，这句也忒夸张了点吧。没想到那位姐，自我感觉非常好地回应了一句："是吧，呵呵，我也觉得我比范冰冰漂亮哟。"我的天，这位还真的受得住表扬。呵呵，活泼型的人真是对于赞美和鼓励没有任何的防范能力。

不同性格的顾客对赞美的接受程度不同，活泼型的顾客对赞美的喜爱程度尤其高。我们不要吝啬对顾客的赞美。赞美时我们要把握其中的关键技巧。

表 4-7　不同情景的顾客赞美运用

场景模式	观察顾客	赞美话术
赞美顾客的职业	观察与询问顾客的职业	导购："姐姐，您一进店，我就感觉您气质很好，您是做什么工作的？" 顾客："我是小学老师。" 导购："姐姐，您是老师呀，真是羡慕您，我从小到大最崇拜的就是老师了，难怪您看起来那么大方。"
赞美顾客的外形	赞美顾客外形中最出色的地方	"姐姐，您的身材太好啦。尤其是胸部的线条很迷人，如果穿上我们婵之云的这款文胸会更加性感。"
根据顾客装扮赞美	观察顾客的装扮	"美女，您的丝袜好漂亮哟，现在很流行的黑色丝袜，显得您的腿更修长了。"
赞美顾客的随行人员	随行人员在有时候会起到关键的作用，所以要细心的安抚与用心的关注。	随行人员是老公可以说："姐姐，好羡慕您，您老公真好。一般老公都不喜欢陪老婆逛街，我老公就是这样的。您看您老公还专门帮您挑选，真是太爱您了，姐姐好有福气。" 随行人员是姐妹可以说："让您的朋友看看，这一款是不是特别修身呢，您朋友一看就非常有眼光。" 也可以说："姐姐，您看您穿起来效果很好。您朋友也可以买一件，现在买两件有赠品哟。" 随行人员是女儿可以说："妹妹，你好关心妈妈，还专程陪妈妈购物。真是有孝心。妈妈看起来好年轻，不说还以为是姐妹呢，一定要给妈妈选个好点的，让妈妈享享福啊。" 随行人员是妈妈可以说："阿姨好年轻呀，看起来像是姐姐。给女儿买一款漂亮的，让她身材看起来更漂亮，妈妈也可以为自己选一件。" 随行人员是小孩可以说："姐姐，您的儿子（女儿）好可爱呀，多大了？都长这么高啦！" 随行人员是情侣可以说："姐姐，您男朋友真好，还陪您来看衣服，现在这样的好男孩不多。"

143

表 4-8　赞美顾客的三项原则

赞美原则	使用原则	话术范例	表达状态
真诚	发自内心的赞美，不要胡乱拍马屁。	"美女，我觉得您的皮肤太好了，又白又细，真是让人羡慕。"	真诚、热心、善良、声音甜美。
有根有据	赞美顾客在意的地方	"姐姐，您的服装、包包还有墨镜一看就是国际一线名品。一瞧您就是有实力、有品味的人。"	
关注细节	发现顾客身上的细节之美	"姐姐，您的耳环好可爱，很配您的服装。整体搭配很有活泼感，一看您就是特别擅长打扮的人。"	

给活泼型顾客讲最美的故事

活泼型顾客更多会被感性的东西所征服，就像在电影院里，一般哭得一塌糊涂的人都是活泼型性格的观众。所以，给活泼型的顾客要讲"虚幻"感觉的故事。什么是"虚幻"感觉的故事呢？包括最神奇的故事、最浪漫的故事、与名人相关的故事、最感性的故事……

最神奇的故事案例：

玉器珠宝店里一位中年女士在试戴几款不同材质的项链。每戴一款，她都问导购："你觉得好看吗？这款绿色的翡翠看起来富态吗？"

"那这款呢？这款是金沙石的，戴在身上会不会觉得土气呀？"

"哎哟，我一定要买一款独特的，我可不想聚会的时候，大家看到我戴的，外面满大街都是。你得帮我选一款独一无二、还要有意义的情侣款。"

（导购注意了，从这些语言中我们已经判断出这是一位活泼型的顾客，你看她思维跳跃，一款还没认真看完，又跳到其他地方去了。

再看看她，追求独特，一定要选一款别人没有的，说明她在意自己的差异化，追求个性化的自我，也是典型的活泼型顾客的心理)

导购："姐姐，我建议您买这款'缘定三生'的三生石项链，它是情侣款的，您的老公佩戴上也会很独特的。传说'三生石'是女娲补天时留下的神石，拥有此石者可以和心爱的人缘定三生，做三生三世的夫妻，前世、今生、来世都可以相守相爱。"

顾客："真的吗？太神奇了，那我得好好看看。"

最浪漫的故事案例：

顾客在看到一款手链问导购："这款红色的佛手很漂亮，看起来还蛮时尚的。"

导购："美女，您太有眼光了。这款可是梁朝伟在刘嘉玲生日的时候送她的一款。当时，梁朝伟送给刘嘉玲的时候，对她说要照顾她一生一世，一辈子只爱她一人的。"

顾客："天呐，太浪漫了，如果我老公也送我一条就太好了。"说完这位女顾客就回头盯着她老公，好像在说："老公，是你表现的时候了。"

与名人相关的故事案例：

顾客："哟，这套裙很眼熟。"

导购："美女，最近有部电影很火的，叫《I DO》，您看了吗？"

顾客："看了，是里面李冰冰穿那件吗？"

导购："对呀，电影里面李冰冰穿过的，她本人很喜欢，要求剧组送给她了。"

顾客："那我如果穿上，不是和冰冰同款了吗？"

导购:"当然,能穿上这款的人毕竟不多。"

顾客:"能和冰冰同款,太幸运了。"

最感性的故事案例:

顾客:"我想买件羊毛衫送我妈妈,我妈对我可好了,我可不让我妈过生日的时候没有好衣服穿。"(活泼型的顾客表达方式通常都比较感性,会把自己的家事都详细地说给导购听)

导购:"所以说,现在生女儿比生儿子好,女儿是妈妈的贴心小棉袄。"

顾客:"是呀,我最孝顺我妈了。"(活泼型的顾客随时随地自我感觉良好,对于任何的赞美都是受得起的,也不会产生任何的怀疑)

导购:"妹妹,你妈妈年龄多大呀?穿多大码的?喜欢什么颜色的?"

顾客:"妈妈今年50岁,穿中号,喜欢艳丽的色彩。"

导购:"真是细心的女儿,你看呀,妈妈把女儿养大多不容易呀,含辛茹苦,多少年如一日,自己舍不得吃,舍不得穿的,就是为了女儿能长大成人。现在自己成家立业了,是回报妈妈的时候了。"

顾客:"是呀,我妈对我最没得说了。"

导购:"你看,我现在照顾我的女儿,都很辛苦呢。每天早上六点起床准备饭,上班的时候还惦记着她,回家还要给她补习作业,不就是图她有个好的将来吗?"

顾客:"是呀,你的小孩以后要好好回报你才对。哎,这次我妈过生日,我一定给她买件最贵的、最好的,让我妈也享享福,在亲戚面前也长长脸。"

不要让活泼型的顾客算账或追究细节。活泼型性格人最害怕的事情是算账和追求细节，或者让他们按流程办事，这些要求都会让他们抵触。我们看两个接待活泼型顾客的失败案例。

不要给活泼型顾客算账：

顾客："这台饮水机要3000多块！"

导购："太太，我来给您算一笔账吧，您不要觉得3000多块钱贵，您想想，现在水费多少钱一吨？您家一个月的水费要多少钱？你们家一天消耗多少吨水？煮开水要用多少度电？电费多少钱一度？一天要用多少度？这笔账，我来给您详细计算一下吧。"

顾客："记不太清了，别算了，算这些头都痛了，你们太贵了，我再看看其他的。"

导购："太太，我们贵是有道理的。"

顾客："算了，算了，到别家再看看。"

（没有办法，活泼型的顾客一遇到数字就头痛，习惯性地远离）

不要严格要求活泼型的顾客按流程办事：

导购："姐姐，今天买饮水机可以抽奖哟。"

顾客："太好了，什么奖品？"

导购："今天买足2000元，可以抽奖。抽奖的流程是先到我们服务台盖章，然后凭盖章的单据去三楼领抽奖券，凭抽奖券到四楼贵宾厅抽奖，在下周二的时候，中奖情况公布在我们二楼的总台，然后……"

顾客："哎呀，你说这么多，我一句没记下来。好麻烦，中奖的几率又低，算了，肯定中不了，我去其他地方再看看。"

没有办法，活泼型顾客天生怕流程、怕麻烦。

四、强势型顾客爱听"结果"的故事

搞定强势型的顾客要先了解一下他们的特点

强势型的顾客喜欢自己做决定。如果导购安排他们做这做那,或者给予他们太多的建议,他们会十分反感。

强势型顾客个性爽快、决策高效、果敢果断,甚至有时候会比较武断。他们在购物过程中也会计较个人得失,比如说讲价。如果讲赢了,他们会很享受这个过程;如果输了,他们又觉得很没面子,即使喜欢的商品也可能会选择放弃。

强势型的顾客不太在意人的情感,更很少去关注他人的感觉。所以,他们在购物时,会把自己本来打算购买的商品贬得一钱不值。此时,导购一定要淡定,他们贬低商品只是为了给自己一个有利的地位,而非真的认为东西不好。如果他们认为东西不好,根本不会浪费时间和你讨论这个问题。

强势型的顾客说话从来都是直截了当,他们会直接表明态度:"最低价是多少?"或者高调地表明:"我从来不会买一万块钱以下的包包,虽说这款七千多块的价格是低了点,不过,看上去还真像那么回事。你直接说吧,最多可以打几折?"这就是他们的性格,他们认为自己看得上你们家的东西,你就应该谢天谢地了。

强势型的人追求高效,不想浪费太多的时间在他们认为无聊的事情上,所以,他们总是想一上来就想解决问题。他们会直接对店员说:"你做不了主,让你们老板来决定。""叫你们经理来,不要浪费我的时间。"

他们也喜欢赞美,但是没有活泼型顾客那样痴迷,他们认为自己的优点摆在这里,不用你们浪费时间去强调。即使说了再多他们的好话,那也改变不了他们的任何决定，因为他们是就事论事的人，把人与人之间的关系看得很低。

性格强势的人认为自己是天生的领导者，所以说话比较爱打官腔，作为导购来说要有心理准备。理解这是性格所致，既不要反感也不要抵触，适当地拍拍马屁就好。

针对强势型的顾客，导购千万不要当着众人的面和他对着干，否则，他们一定会想尽办法让你下不了台。

搞定强势型的顾客要学会尊敬

强势型的顾客是很要面子的，所以，导购在与他们接触的过程中，有没有重视他的观点，有没有尊重他的意见，有没有维护他的面子是很关键的。学会尊重强势型的顾客，要从以下四个方面做起。

使用尊称：比如王先生、李总、张经理、孙教授、陈总监、张博士、康医生，这些称呼会让他们心情大爽。

尊重他身边的人：如果强势型的顾客带着自己的太太或朋友来购物时，你一定要当着他的朋友给他一些赞美。比如说：

导购："王总，您又来了。您可是我们店的VIP，我们最尊贵的客人。每次您一来，我们顿感蓬荜生辉。请问这位是？"

顾客："这是我太太。"

导购："王夫人好，王夫人第一次来，有什么需要的，请叫我来为您服务。"

（此时，这位王总一定心中大爽，自己在老婆面前真是超有面子）

尊重他的选择：强势型的顾客非常不喜欢被他人驱使或者命令，所以，他一旦做出决定，导购不要给他过多的额外建议，否则适得其反。即便是在购物的过程中给他们建议时，也要不时地询问他们："您觉得怎么样呢？""您认同吗？""我很想听听您的意见。"这样既尊重了他们的选择，又维护了他们的面子。如果你非要安排他："你必须……""你马上……"强势型的顾客立马会竖起汗毛，准备和你对干一仗。因为，他们会想：""我自己的事情，我自己负责，我自己决定，你凭什么来干预？"

总结一下，对于强势型的顾客在尊重的背后其实就是学会服从，服从于他的决定、他的指令、他的选择。他就是一头顺毛驴，要顺着摸，逆着来的结果就是对立。

给强势型的顾客讲以结果为导向的故事

强势型的顾客喜欢直来直去，立场鲜明，就事论事，所以对于这类顾客最容易高效达成交易。最容易说服他们的故事包括以结果为导向的和以效果为导向的，在过程中让他们有掌控一切的感觉。

以结果为导向的故事案例：

顾客进店直接命令导购："去把今年秋季新款的西装套装拿来给我看一下。"（态度强硬、目标明确、命令他人的口气，典型的强势型顾客表现）

导购："好的，先生，请稍等。"

顾客："快点啊，我赶时间。"（强势型顾客的特征：追求效率）

导购："先生，这三套是今年的设计师新款，您比较一下。"

顾客试完三套服装，对导购说："买两套打几折？"

导购："先生，你是我们店资历最深厚的VIP，老板直接定价，最低就是8.5折，这就是我们最低的折扣了。"（直截了当地表述效果最好）

顾客:"8折吧。"(这类顾客通常一句废话没有)

导购:"对不起,我刚才说的已经是我们底价了。您的身份尊贵,我们肯定希望您长期光顾,我们不敢欺骗您的。"

顾客一听超爽,心想我是谁呀?谁敢欺骗我呢?

顾客:"这款颜色我要考虑一下,选绿色还是蓝色。"

导购:"先生,绿色您穿上感觉柔和一些,更有亲和力;而蓝色这款更经典和大气些,很多顾客会选择穿这款出席正式的商务活动,您自己觉得呢?"(以结果为导向,但是选择权留给顾客,毕竟强势型的顾客不乐意他人的安排)

顾客:"行,要蓝色的那件,还有另外灰色的那件。"

以效果为导向的故事案例:

顾客:"这款沙发凭什么要卖7000多,皮质又不好,色彩也不大气,功能也不够多,款式也很普通。我觉得一两千块钱也能买到。"(强势型顾客是这样的,越是喜欢的东西越会贬低,以赢得谈判的胜利)

导购:"先生,原因在于他的疗效。他的皮质虽然不是头层牛皮,但也是精致的小牛皮,所以手感柔和,亲肤性好。我们老板自己也是选的这款呢,他说坐上去,感觉很舒适。色彩选择橘色是因为心理学家认为这种颜色可以缓解人的压力,使人放松,这可是我们通过无数次试验后选择出来最放松的色彩;功能虽然没有您所说的那么多,但是它的腿部按摩舒适感强,腰部按摩的功能有四款,足以满意追求健康人士的基本需求。我们好多和您一样长期伏案写作的客户都喜欢这几项功能,其他额外的功能其实使用频率并不高,所以这款的性价比是最高的;另外对于您所说的款式,其实是今年新款的,虽然看起来简约但很符合人体功能学,是最舒适和健康的设计。先生,您可以体验一下。"（导购的心态超级好，一点没有去抵触顾客，而是仍然耐心地给顾客讲述原因和效果，还列举了故事。强势型的顾客嘴上说不满意，其实心里已经接受了，只是他们碍于情面，死不承认而已）

顾客："哎哟，你说得这么好。哪有这么好，我试试。"（顾客去试，说明他已经接受了，只是还需要一点时间和耐心而已）

不要让强势型的顾客讲人情，不要帮他做决定

强势型的顾客不会讲太多的情面，也讨厌别人帮他做主。如果让他讲人情，或者你给他讲人情，也不会影响他的决定。毕竟他们思维方式是以事情的结果为导向。再则，如果你给他们做主，只会让他们感到不安，甚至愤怒。我们看两个失败的案例。

不要让强势型的顾客讲人情：

导购："先生，您看咱们都是同乡，您给我一个面子，多买一条吧。"
顾客："同乡就多买一条呀，同乡你应该给我打折才对。"
导购："那你给我们老板一个面子吧，他最欣赏的人就是你啦。"
顾客："少废话，只买一条。我买两条没有任何意义。"

没有办法，强势型的顾客就是这样，以结果为导向，不为任何人留情面。

不要帮强势型的顾客做决定：

导购："先生，我觉得你就选灰色的这件吧，又大气又时尚。"
顾客："我自己选。"
导购："你要相信我的眼光，我可是专业的色彩搭配师呢。"
顾客："你专业是专业，但是你的推荐我不喜欢。"
导购："好多顾客都喜欢我的推荐呢，他们都觉得我的推荐是最好的。"

顾客："我自己花钱买自己喜欢的东西行吗？我自己买衣服这么多年，难道眼光会出错？"

导购："没有，没有，我不是这个意思。"

顾客："少废话，灰色的给我包上。"

没有办法，强势型的人就是这样的强势，听不进去一点意见。哪怕你的意见是正确的、专业的，他们还是会自以为是。我们唯有耐心一点，淡定一点。

五、分析型顾客爱听"真实"的故事

搞定分析型的顾客要先了解一下他们的特点

分析型的顾客追求完美、关注细节，总会发现一些别人不太注意的问题，甚至让人觉得有点吹毛求疵。如果他们问你："这件衣服的面料是什么？"导购回答："羊毛的。"分析型的顾客会回应："羊毛是百分之百吗？占比是多少？"他们很在意答案的精准。

分析型的顾客表情平淡，还有一丝冷漠，对他的赞美要适可而止。如果你说太多对他的赞美之词，他立马会想："这个人有什么目的？他背后的用意是什么？"因为分析型性格的人是敏感又多疑的。

分析型顾客条理性强，理性面对选择，所以，把产品吹得过于绚丽，言过其词时，他们不仅会对产品不信任，对导购也会失去信任。导购一旦失去他们的信任，终生都会被他们贴上"不值得信赖"的标签。

分析型的顾客不擅长沟通，不喜欢说话，他们更喜欢自己独处，冷静思考问题。所以，通常导购问许多问题，也得不到他们只言片语的回应。

有时候就算是导购说得情真意切、眉飞色舞，也只换得他们"嗯、喔、好"，实在让人感觉无从下手。

分析型的顾客做事的动作、做决定的速度都比较慢，因为他们要深思熟虑后才能做出选择，所以接待他们时，耐心和恒心都要具备。

分析型的顾客喜欢精确、精准、计划，不适应突如其来的变化，更适应熟悉的环境、熟悉的人、熟悉的流程办事。所以与他们交流中要突出绝对正确的信息，让他感到自己被认真对待，有流程、有标准、有计划，用数据和事实说话。

分析型的顾客说话语速慢，接受信息的速度也比较慢。所以，给分析型顾客讲话要娓娓道来。如果像连珠炮一样说话，只会令他心烦，一句话也听不进去。

搞定分析型的顾客要有逻辑与条理

分析型的人性格内向，所以导购想要畅快地和他们交流是很难的。一定要做好被他们挑剔的准备。我一位朋友是典型分析型的，他最大的优点就是条理性强、逻辑性强。我常对他说，如果他去做福尔摩斯这类侦探型的人物肯定是没问题的。而和他在一起最痛苦的事情就购物，每次从进店到离店，我们都赢得了不少导购的白眼。他总是能发现无数商品的问题，一会觉得颜色不够正，一会觉得面料的精致程度不够，一会又说导购的笑容很虚假，更可怕的是他觉得这家店就没有存在必要。最后的结果通常是空手而归，落人白眼。我经常提醒他，其实完全可以忽视一些细节，追求完美太痛苦了。他却认真地对我说，世界是因为进步和改造而变得更加精彩。呵呵，这就是他们的人生哲学。这个世界上大多艺术家、文艺家都是分析型的人，因为他们有发现问题、改造问题、解决问题的能力，眼光独到，追求完美。

分析型的人那么难搞，是不是就没有招了呢？当然不是，每种性格的人都有一套自己的处事原则与接受观点的方式，只是看你是否发现了这些秘密和掌握了对应的技巧。和分析型顾客接触时，讲话要有条理、逻辑，做事要有专业性，最后他们会接受你的建议，认为你的专业。所以，对于分析型顾客，"顾问式销售"是最有效的。挖掘他们的问题，分析他们的问题，解答他们的问题，展示证据与数字，实事求是，定能搞定他们。

什么是表达的逻辑与条理性呢？比如导购给分析型顾客讲述产品时，一会说品牌哪里好，一会又说产品功能强，说着说着就跳到了价格上面。分析型顾客会觉得乱七八糟，根本没兴趣听下去，也会觉得导购不够专业。如果导购的表述方式改为："先生，我从四个方面给您介绍一下我们的产品。第一是关于我们的品牌……第二是关于我们的产品……第三是关于我们的性价比，第四是……"分析型的顾客更容易接受。

什么是表达的专业性？导购的专业性包括产品知识的掌握、服务流程的完整、销售技巧的应用、品牌定位的了解、顾客心理的把握、顾客个性化的需求处理、顾客售后服务等。一位分析型顾客问导购："莫代尔棉是什么？"导购："就是一种棉。"顾客："为什么比纯棉贵一些？"导购："因为它的进价成本高一些。"分析型顾客此时就无语了：这位导购太不专业了，价高的原因说不出来，成分也讲不清楚，是什么原料都不知道，你让我如何信任你？我们看看专业的导购是如何回答的："先生，莫代尔棉和纯棉是有差异的。莫代尔的价格相对纯棉贵的原因有四点：第一，莫代尔棉是奥地利的兰精公司研发的一款新型面料，它采用欧洲特有的一种榉木，先打制成浆，再通过专业的工序制作而成，制作工艺术流程更加复杂和专业；第二，它属于纯正的天然纤维面料，对人体绝对无毒无害，它可以自然降解，对环境不会有影响，属于环保人士钟爱的面料；第三，它的手感，绝对比纯棉更光滑，更舒适，它的吸湿性、透气性、排汗性比纯棉更强；第四，它的面料使用时间更长，使用时长是纯棉的四至五倍。"顾客："不错，很专业。这款面料如你所说，果真摸起来光滑舒服很多。"

而在终端，仍然有许多导购对产品的专业知识了解甚少，经常是顾客一问三不知。如果是这样，遇到分析型的顾客基本就无法搞定他们了。所以，我们要给分析型的顾客讲流程的故事、讲细节的故事、讲数据的故事、讲事实的故事，并且都要列举出可信的证据。

给分析型的顾客讲关于事实的故事

讲流程的故事案例：

顾客："这件羊绒衫清洁的时候是不是要特别注意呢？"（分析型的顾客喜欢就某个点追问细节）

导购："您可以选择干洗，但是如果您要选择手洗的法，洗涤的方法要非常讲究。"

顾客："你说说，我记一下。"（导购千万不要不耐烦，而是要有耐心，详细、清晰地给顾客做一步步的讲述。如果导购厌烦地说："哎呀，干洗就行了嘛，自己洗挺麻烦的。"分析型的顾客可能会改变购买决定，因为他们会觉得没有安全感）

导购："对的，先生，您一定要记录好要点。严格按流程清洁。我上一件羊毛衫就是因为没有按步骤来，结果现在变形很严重，我真是心疼死了。"（强化流程与步骤，分析型顾客很爱听）

顾客："你说。"

导购："你先选择一款羊毛衫的专业中性洗洁剂，市面上品牌也比较多。接下来，第一步就是先在有污迹的地方沾洗涤剂，先稍微揉搓一下，领口、袖口也要这样。（导购一边说，一边用服装在做示范，

第四章
用故事征服不同性格的顾客

示范的动作很到位,顾客也学得很认真)第二步,按洗涤剂的说明比例将其倒入到盆中,放入温水,记住温水的标准就是手不觉得水凉就行,水温不可以太高,用热水洗毛衣会缩水。上次一位顾客忘了我说的,一件1000多块的羊毛衫被洗得完全变形了。"

顾客:"好,接下来呢。"(分析型的顾客就是没有丝毫的情感,只重视流程与细节)

导购:"接下来,把处理过污迹的毛衣放到盆中,泡十分钟左右。注意,也别泡太久,十分钟就足够了。第四步,把泡过后的毛衣轻轻的搓揉,不要太用力。第五步,稍微拧干,不能用力,如果是用家里卫生间的面盆,可以把毛衣放在里面,用力压,让水从下面流走。"

顾客:"我家的面盆是磨砂玻璃的,有问题没?"(分析型的顾客就是在意你想不到的细节)

导购:"只要表面是光滑的就行。接下来是第六步,换清水,漂洗二至三遍就行。然后第七步就是把洗干净的毛衣放到洗衣袋里,甩干。特别要提醒的是第八步,在晾毛衣的时候,找一块干净的浴巾平铺在沙发、床等平整的地方,阳光不能直射,然后把甩干的毛衣平铺在上面,按毛衣原来的形状整理平整。现在的屋里都有暖气,一般一天就能干。这样,基本上可以省去熨烫的步骤了。我自己就是这样处理的,一件羊毛衫穿了三年了,还没有变形,保持得特别的好。您记下来了吗?"

顾客:"好,我给你重复一下啊。"(分析型的顾客就是这样,认真的有时候让人觉得麻烦)

导购:"好的,您请说。"

顾客:"……"

导购:"第八步,还差一个细节呀,得加块浴巾,效果更好。"

顾客:"好的,行,加上了。"

导购:"那我给您包上了吧。"

顾客:"好的,谢谢。"

导购:"您做事真认真,在工作上一定非常出色。"(适当的赞美即可,赞美还得说到点上)

顾客:"呵呵。"

关注细节的故事案例:

顾客:"我在想一个问题。"(分析型顾客的典型表达方式,他们善于发现问题)

导购:"请讲。"

顾客:"这套西装的面料毛感比较强,平时挂在衣架上,会不会由于和其他衣服离太近,而沾上了其他东西。比如和有毛的衣服放一起会不会就沾上了毛?"(分析型的顾客总是会设想一些悲剧式的结果,可能这类事情根本不会发生,如果导购回答:"这怎么可能呢?"分析型的顾客就会马上回应:"你们连这个问题也没想过,怎么这样不专业、不关注细节呢?")

导购:"是的,先生,您考虑得真仔细。这样吧,如果您购买我们这套西装,我给您向店长申请赠送您一套我们品牌的西装套。您放在衣柜里时,套上西装套就不会出现上述问题了。"

顾客:"本来你们就应该送一套的嘛。"(分析型的顾客就是这样的,通常对好意也并不领情,而是质疑导购有什么企图,导购不要放在心上,一切都是他们的性格所致)

导购:"先生,我们品牌的西装套只有上了一万块钱的西装才配的。因为考虑到您是第一次到我们品牌来购物,希望您能对我们品牌有更多的了解，给我们一个为您服务的机会，我可以专门为您申请。您可以看一下我们的记录本，上面记录的是我们领取西装套的顾客的签名和购物的金额，您请看。"（导购一边说一边把记录本拿给顾客，一页一页让顾客看）

顾客："嗯，行吧，我考虑一下。"（导购听到分析型顾客说"考虑一下"时千万不要灰心，他们的确如他们说所的，需要花时间考虑一下。我们只需要耐心等待他们思考的结果。此时，不要怀疑他们的动机，他们真的只是需要时间而已。如果是活泼型的顾客说"我考虑一下"，那倒有可能是找个借口开溜了）

讲数据与事实的案例：

顾客："你觉得我有必要穿调整型的内衣吗？"

导购："姐姐，几组数据可以说明问题。第一，女性的身材就像皮肤一样，需要定期保养，并且越早保养越好。25岁后女性身材变化比例：胸部下垂2~3厘米，臀部下垂2~3厘米，背部每十年增厚3~5厘米，手臂每十年松弛1~3厘米。您想想，如果不抓紧时间保养，后果不堪设想。"（导购运用数据扩大顾客的痛苦）

顾客："我现在还好吧。"

导购："是的，姐姐，您现在比较年轻，所以要在年轻时学会保养。七种原因会导致女性的身材变形，包括：地心引力、饮食习惯、内分泌紊乱、生育、年龄增长、穿错内衣、不正常的姿势。而我们奥维丝丽的调整型内衣可以有效改善因这七个方面的过失导致的不良后果。还有，现在有80%的成年女性患有不同程度的乳房疾病，目前乳腺癌的发病率已从5年前17人/10万增加到去年52人/10万，这是北京协和医院乳腺中心专家透露的数字。近20年来，中国每年死于乳腺癌的人数多达20万。所以，作为女性一定要对自己的健康负责。使用好文胸一定会对您的乳房健康起到促进作用。女人一定要对自己好一点。"（用数据和事实说明问题）

顾客："天呐，这个数字太可怕了。"

导购："我们奥维丝丽的调整型连体衣还可以改善肥胖，控制体重。您看，肥胖会引起高血压、高血脂、糖尿病、脂肪肝等，还有人老了脊椎会萎缩、弯曲，有80%的慢性病都来自于脊椎变形，其实预防比治疗更重要。（用数据和事实说明问题）

顾客："哎呀，我一年下来胖了20多斤呢！"

导购："女性的身材很重要，它还会影响我们的自信。比如说，身为母亲就要懂得严格要求自己，并保持美丽高贵，这样孩子的自尊心就会很强；相反，母亲肥胖，不修边幅，孩子就自卑，这就是榜样的力量。据新闻报道，80%小孩的自卑心理倾向，均源于父母的不修边幅。前一段，我们晚报上不是报道了吗？幼儿园的小妹妹，因为妈妈长得肥，不让她妈妈去幼儿园接她，因为她觉得没面子。你看，这么小的小孩都已经有自尊心了，我们做妈妈的一定要维护好自己形象。"（用数字、事实、有公信力的案例说明问题）

顾客："那我要注意一下了，我女儿上小学了。我得好好反思一下。"（导购能通过数据、事实、案例引发分析型的顾客思考就成功了）

面对分析型顾客，不要吹得天花乱坠或者过分高傲

分析型的顾客喜欢实事求是，也比较清高，他们自我感觉良好的原因是他们觉得自己很专业，一般人根本欺骗不了他们。如果导购表现得比他们还清高，结果就是不能成交。

不要给分析型顾客讲天花乱坠的故事：

导购:"先生,您穿上这套西装,简直比金城武还帅!"

顾客:"金城武是谁?"

导购:"一位明星呀?那么出名,您不认识吗?"

顾客:"从来没有哪位说我长得像金城武,你不会是在讽刺我吧?"

导购:"没有,您真的长得很有明星味。"

顾客:"你们这些导购,为了卖一件衣服,什么话都说得出来。算了,我去其他地方看看。"

分析型的顾客就是这样,他们会把你一番看似好意的赞美当成是有目的和企图的吹捧,对他们还是实事求是一点好。

不要在分析型顾客面前过于清高

顾客:"这款要7000多块,肯定是店里最贵的吧?"

导购:"哪里,在我们家店这款价格只能算是中档偏下的,最贵的要十多万呢。"(导购有点趾高气扬,顾客心里已经开始厌烦了)

顾客:"十几万?什么面料?"

导购:"这个您就没听说过了吧?高级定制,高端面料,世界范围内的限量版。"

顾客:"你拿我看看。"

导购:"这个,不是说有就有的,顾客要先付五万块的订金,我们要定制的。"

顾客老大不高兴地回一句:"哼,我看也值不了这么多钱,所谓的奢侈品都是骗有钱人的工具。"

导购:"您说什么呢?不懂您别乱说啊。"

顾客:"不懂?你还没出道的时候,我就是这方面的专家了。"

清高的顾客遇到了清高的导购，结果肯定是一场争辩。导购对分析型的顾客可没法玩清高，不然不但没法在他们心中塑造品牌的地位，还可能会引发一场战争。对于强势型的顾客有时候你提高价位和档次，说不定他还可能产生征服导购的意愿，可是这方法在分析型顾客身上没用！

六、和平型顾客爱听"关爱"的故事

搞定和平型顾客要先了解一下他们的特点

和平型顾客以人为导向，性格内向。他们温和、平静，没有攻击性，善良，值得信任。

和平型顾客在购物过程中话不太多，动作也很缓慢，决策时犹犹豫豫，需要导购的鼓励与推进。

和平型顾客在没有建立信任关系的前提下，不会表达太多观点，甚至一句话也不会说。他们不会像分析型的顾客一样说一些攻击性、挑剔性的话语，他们可能永远都把"好"、"行"放在嘴上，可就是不做购买的决定。如果和和平型顾客建立了信任关系，他们的话就像是打开了闸门的水一样，滔滔不绝，甚至会把购买决定交给你做出。

和平型顾客在遇到压力的时候会趋于附和他人，所以和平型顾客如果和朋友、家人一起来购物时，旁边人的意见会成为主宰。

和平型顾客性格内敛，也相对比较多疑，所以和他们接触时不要一上来就热情过头，他们会怀疑你的诚意。所以，最开始接触时要不温不火，态度平和。

和平型顾客最在意的还是他们在意的人的意见，所以导购要去倾听，他们购物是为了谁？让谁满意？让谁开心？从这个角度更能说服他们。

和平型顾客虽然也以人际关系为导向，但他们结交朋友并没有活泼型的人来得快。所以导购如果要表示出对他们的赞美，也不要用词夸张。

搞定和平型的顾客要学会信任和鼓励

和平型的顾客做事与决策都是慢慢吞吞的，虽然表面上温和，其实你很难走进他们的内心世界，赢得他们的信任。所以，作为导购要搞定他们，首先要赢得他们的信任，让他们对你有信心。毕竟这类顾客相信产品之前是先接受人的。如何才能走进他们的内心，与他们建立信任关系呢，以下七个小方法值得尝试：

第一，不要一上来就和他们开门见山地聊生意、聊产品、聊价格，先关心他们更能得到他们的好感。比如说："女士，这几天变天了，您看您穿得太少了，要注意预防感冒。"说这类话时，不要太过于情感化，平淡、温和即可。

第二，说话实在，不浮华，诚实地表达自己的观点。比如说："姐姐，我觉得您穿这件有点显肥。我给您推荐另一款吧，其实这款的价格比刚才那款还便宜些呢，我情愿自己少卖一件衣服，我也不愿意失去您的信任。"和平型的顾客听到这样的话，很容易对你产生信任。

第三，示弱，也就是刻意暴露一些弱点出来。只说优点不说缺点，很难让人信服，而在顾客面前适度展示一些缺点，反而能增加对方的好感，获得对方的信任。比如说："姐姐，您看啊，您说我们的产品不丰富。其实是我们店的面积太小了，我们没有办法陈列出所有的货品出来。我们老板也想租个更大的店面，但现在租金高、人工成本高。我们店主要是做老顾客的生意，托老顾客的福。我们不仅是想卖产品，更想为我们的老顾客服务好。现在生意难做，您说是吧？"我相信，这套话术，和平型的顾客是完全没有抵御能力的。

第四，正面回答顾客的问题，不要顾左右而言他。比如顾客问："你们店打折吗？"导购："姐，对不起，我们店的确是全年都不打折的。这也可以保障您走到任何一个地方，不会看到自己购买商品贬值。不过，我们可以积分换礼。"和平型的顾客喜欢听到的词包括："我保证"、"请相信"。

第五，承担责任，当顾客有疑问时，要向顾客承担自己的责任。比如顾客问："如果我穿了你们的调整型内衣没有效果怎么办？"导购："女士，您放心，您直接把产品带到我们店来。钱您一分不少拿走，东西您也不用还我！"和平型的顾客对你的信任立即爆棚。

第六，同情，和平型的顾客喜欢他人在意自己的情绪。但由于性格原因，他们又不会主动表达出来渴望你的关怀。而导购要善于发现问题，并施以关心与同情。比如顾客说："哎呀，我都走了三条街，比较了好几家店，脚都走痛了。"导购不要一上来就推销产品，而是要满脸同情地对顾客说："姐，您走累了，先别急，坐下来喝杯水休息下，一会再慢慢选吧。

第七，帮助和平型顾客身边的人。和平型的顾客是最在意他人感觉的，尤其是他们喜欢和关注的人。如果和平型的顾客带着自己的家人或朋友来，导购也要能够帮助他们维护朋友的关系，他们会更加满意你的服务，给予你回应的。例如："姐姐，您看您先生陪您逛街，拿这么多东西一定很累了，您先生可以在我们休息厅坐会，我给他倒杯水，您慢慢选，好吗？"再例如："姐姐，您看您的小孩都跑得满头大汗了，给您纸巾，您给他擦擦吧。"关心了和平型顾客身边的人，他们也会更加信任与赞同你。

和平型的顾客做事犹豫不决，缺乏自信与魄力，所以和他们进行沟通时，对他们的鼓励也很关键。如何鼓励和平型的顾客呢？我们可以用以下几个小方法：

第一,用"榜样法"鼓励。

导购:"姐,您放心。我们商场的聂总也是买的这台,他是专家,准没错的。"

用权威人士、熟人、或其他具有代表性的人群作为榜样,帮助顾客下决心。

第二,"从众心理"的鼓励。

"您真有眼光,这台果蔬机,我们这周都卖了上百台了,大家都喜欢它的实用性和时尚的外形,您别犹豫了。"

第三,"直接鼓励与推进"。

"姐,别再犹豫了,如果您觉得可以的话,我给您开票了,您看我们这么大一家店还跑了不成?"导购一边说一边开票。

第四,"用他身边的人来说服他"。

"姐,这台机器您买回去后,家里人一定会很满意的。"

通过暗示别人的看法,来坚定顾客自己的判断,这对和平型的顾客特别有效。

给和平型顾客讲关于鼓励的故事

讲鼓励的故事案例:

顾客:"我觉得以我的身材,穿这件塑身连体衣就算像你说的坚持三个月,也不一定有效果。"

导购:"李姐,我觉得不是产品的问题,而是您对自己有没有信心。"

顾客:"你看我,体重已经三位数了。肥肉长得又结实,健身房也去过,减肥药也吃过,就差去抽脂了。"

导购:"李姐,健身房您坚持不了,减肥药吃了伤身体,抽脂也会反弹。我觉得您关键是要有耐心。"

顾客:"我肯定是没戏了。"

导购:"李姐,我给您说,我们店的顾客孙姐,她比您胖多少?少说也比您重20多斤吧,年龄也比您大5岁,她的脂肪比您结实多了。人家只坚持穿了一个半月就有了效果。您看她现在腰围,我今天给她量的,已经瘦了3寸,大腿腿围瘦了2厘米,胸部丰满了一个罩杯。为什么人家可以做到,您不行!所以,关键还是她有恒心、有毅力。"

顾客:"哎,她那样都行呀?"

导购:"所以呀,李姐,我对您有信心,您相信我吧。您坚持3个月,如果没效果,您找我,我负责。"

顾客:"行,就冲着对你的这份信任,我试试。"

讲他在意的人的故事案例:

顾客:"这款沙发也不知道买回去老公喜欢不喜欢,我得回去和他商量一下。"

导购:"姐姐,您真是尊重老公的好太太呀。但是,我们沙发都是限量一款的。如果您回家商量,可能再回来这款就没有了。"

顾客:"万一我老公不喜欢怎么办?"

导购:"姐姐,您的先生对沙发有什么要求呢?"(导购要懂得询

166

问和平型顾客在意的人的意见,也可以促进他们的购买)

顾客:"他平时看电视的时候喜欢在沙发上躺着,读书的时候也希望在沙发上,所以他希望沙发宽大又舒适。当然,他也喜欢深褐色的。"

导购:"您所说的几个特点,这款沙发都具备了,您还担心什么呢?您想想,您老公看电视的时候可躺在这个位置,舒服又保护颈椎。您老公看书的时候,可以躺这边,旁边还有放茶水的位置,完全是五星级的享受。您想想,他该有多开心呀。"(导购把和平型顾客在意的人的感受描述得越详细越好)

顾客:"哎,好是好,但是他觉得贵了呀。"

导购:"姐姐,您先生心中的价位是多少?"

顾客:"他希望不要超过5万块钱。"

导购:"姐姐,这款的价位没超多少。您想想,难得遇到一个自己喜欢、老公又满意的。错过机会就没有了,更何况我们今年商场还有活动,满5万可以赠送装饰柜一个。过了今天可就不再有了。我相信您老公肯定会欣赏您的眼光的,毕竟这款对您的老公来说,再适合不过了。"

顾客:"算了,我还是再想想。"

导购:"姐,您别犹豫,要不这样,您可以先交1000块钱的定金,先把商品定下来。如果您老公不满意,我们再退您都行,您不损失什么的。"(这位导购不错,抓住机会不放,也懂得去推进和平型顾客行动,即使顾客没有大决定,至少让顾客做个小决定)

顾客:"还要缴定金呀?好麻烦。"(和平型顾客就是这样,总是下不了决心,哪怕是个小决策)

导购:"姐,要不您给老公打个电话吧,问问他的意思。"(导购仍然在想各种办法推进顾客的行动。）

　　顾客："行，我打个电话。"

　　……

　　顾客："老公说了，先付 1000 元定金，他明天出差回来就过来看看。"

　　导购："行，我给您开票。"

讲他关心的人的故事案例：

　　顾客："这款抽油烟机要 3000 多块呢，另外一款才 1000 多块。我还是选 1000 多块的吧。"

　　导购："女士，价格上的差异是因为品质上的不同。您家里有小孩和老人吗？"

　　顾客："有的，两位老人，两个小孩。"

　　导购："三代同堂，真是幸福啊！我建议您买 3000 多块的。"

　　顾客："为什么呢？"

　　导购："3000 多块这款的抽油烟效果更好一些。家里的老年人免疫力差，很容易受油烟的侵害而感染疾病。他们对空气的质量要求高，油烟对他们的肺部影响大；而小孩抵抗力差，残余的油烟同样会影响他们的呼吸系统，严重还会影响他们的发育。您和您先生抵抗力强，他们可不一样。可要多为家里的老人和小孩考虑一下。"（这位导购优秀之处在于扩大了顾客的痛苦，并且这些痛苦来源于他关注的家人，和平型的顾客在非常在意家人感觉的）

　　顾客："好的，我看看 3000 多块的这款。"

不要给和平型顾客太大压力或催促他做出决定

和平型的顾客天生承受不了太大的压力，也适应不了快节奏。所以，在购物中如果我们给他们太大的压力或急于要求他们给个结果，最终只会适得其反，逼迫他们离开。

不要给和平型顾客太大的压力：

> 顾客："这次买一件还是两件，我得想想啊。"
> 导购："姐姐，买两件有折扣，我给你开单了啊。"
> 顾客："别，别，我还没想好呢。"
> 导购："您别犹豫了，我单都开好了。"
> 顾客："两件就是600多，我没带这么多钱。"
> 导购："您可以刷卡呀。"
> 顾客："我没卡的。"
> 导购："让家人给您送过来吧。"
> 顾客："你怎么这样呀，我都没想好呢。我今天不买了。"

（看吧，煮熟的鸭子都飞走了，原因在于你给和平型顾客太大压力了）

不要催促和平型的顾客做决定：

> 导购："姐，您想好了吗？"
> 顾客："……"
> 导购："不用想太久的，买了吧。"
> 顾客："……"
> 导购："您快点吧，我们店今天要接待的顾客太多了，您再不做决定，我们没时间接待您了啊。"

顾客:"……"

导购:"我就没遇到过您这样磨叽的人,您再不买我们就要关店了。"

顾客:"嗯,算了吧,改天再来。"

过于催促和平型的顾客下决定,只会吓跑他们,他们需要时间思考与决定。

第五章

传播故事与塑造品牌形象

一、故事让品牌源远流长
二、导购在品牌发展中扮演的角色
三、用故事传播品牌价值，从导购做起

一、故事让品牌源远流长

理肤泉源于法国中部一个风景秀丽的小镇。天地灵气滋养着这个小镇，也孕育出富有传奇功效的温泉水。理肤泉温泉水，来自30到80米深的土仑白垩层，迄今已有1700多年的历史。

早在14世纪，人们开始意识到理肤泉温泉水的神奇疗效，后来拿破仑带领他的士兵在这里疗养皮肤，并在这里建立了法国第一个温泉治疗中心。1617年，第一篇关于理肤泉温泉水对皮肤疗效的文章发表。1913年，法国医学会宣布：理肤泉温泉水具有很高的医学价值，从此小个小镇成为欧洲最知名的皮肤温泉治疗之都，人们纷至沓来！每年，近一万名患者经医生处方推荐来到理肤泉小镇治疗皮肤病，几乎占法国温泉治疗总人数的一半，其中1/3是儿童。1989年，欧莱雅集团将其纳入旗下，使理肤泉品牌日渐壮大。如今它已遍布全球30余个国家，以至高安全性和有效性闻名天下，成为皮肤学专家推荐的专业医学护肤品牌。

前段时间，国内媒体曾对理肤泉品牌的喷雾有所质疑，认为其喷雾内的物质就是纯水，毫无任何的添加物，怎么可能其价格超过石油。说实在的，看到这篇报道以后，我更加深信此款产品的魅力了，作为忠实消费者，我根本不愿意看到它在喷雾中添加任何物质，只要是纯天然的、来自法国的理肤泉小镇的产品就是独一无二的、具有神奇作用的。

这类品牌故事不胜枚举，可以说没有哪家百年品牌没有属于自己的经典故事。品牌因为故事更能被大众群体传播，更容易被接受。这样经营的品牌一定是名利双收的。

二、导购在品牌发展中扮演的角色

导购们会问，我们与品牌故事、品牌创建会有直接和必然的关系吗？答案是肯定的。导购不要认为品牌的形象代言人只是影视明星、是球星、是名人，其实我们导购也是品牌的形象代言人。我们的一言一行、一举一动都在传播着品牌的文化、品牌的故事，展示着品牌的魅力。顾客更多是从鲜活的、最直接的导购身上感受品牌特色。导购不仅起着重要的销售作用，同时也起感动顾客、传播品牌文化的作用。

导购创造感动顾客的品牌

婵之云内衣连锁店的导购小红，某日见一位奶奶级的顾客在店里突发疾病。小红让其他店员招呼生意，自己一直陪着奶奶，又是倒水，又是喂药，直到奶奶的家人赶到。顾客奶奶和她的家人拿钱出来感谢小红，小红当即拒绝了顾客。她对顾客说这是自己做为店员应该为顾客做的，后来那位奶奶及家人成了他们店的常客，走到哪里都说他们店好，说小红是个好人。小红一直认为这是店员应该做的。婵之云内衣连锁品牌的形象也深深扎根在顾客的心中。

导购创造品牌的文化魅力

无意间看到一则广告,是香港明星杨千嬅代言的珠宝品牌,品牌名为"ARTE",初见时如获至宝,我个人觉得它的设计大牌,既有奢华感又具有时尚魅力,价格还非常亲民。在试戴它的钻石项链时也感到非常满意。最值得一提的是,导购在介绍产品时不忘突出品牌文化,不时给我讲述,说它们来源于欧洲,创立于西班牙,是将爱情、财富以及生活的美好理念融为一体的品牌。这位导购在为我介绍一款欧洲著名设计师以海草为灵感设计的饰品时说得生动有趣,当时就令我心动不已。我在众多的系列中发现了一款有中国元素的耳环,造型极像中国古代的宫灯,便问她设计师是否也来过中国。她详细地给我讲述了设计师与这款耳环的不解情缘,以及设计师如何钟爱中国的传统元素,如何将自己理想中的美幻化在耳环中。我也听得很入神,不用说,这个品牌现在已经是我的大爱之一,我也是他们的常客。

导购随时随地传播品牌故事

某日和友人在咖啡馆小聚聊天,聊着聊着就把话题转移到了我俩都头痛的压力痘和青春痘的问题上了。我俩都激动地认为,这个世界上已经没有什么方法可以解决我们的问题了。由于激动不已,说话的声音也就越来越大。万万没想到,邻桌一位小女生走过来,拿了两包试用包给我们,说:"我今天也没带太多,我们这个牌子的急救型面膜真的可以缓解两位说的问题。我不是有意要偷听你们的说话,只是职业习惯而已,听到你们聊的正是我每天工作的内容,所以就忍不住偷听了两下。"说完,那位小女生就笑了。她的笑容很真挚,也很有善意，并且一点没有要推销某个东西的意思。

她接着说："我没有推荐我们品牌的意思，我只是和你们一样经常被痘痘困扰。尤其是痘坑大得可以插牙签啦，自从用了这款面膜后都得到了改善。你们看我现在的鼻头，已经收缩了很多，你们回家试用效果好，再买也不迟。我们店不远，就在商场的一楼有专柜。"免费的东西对女性还是极具诱惑力的，我和朋友趁她等人之机，让她讲了好多关于护肤除痘的方法。

那天聊得特别开心，她也聊了不少品牌的故事和商品的知识，"免费的往往就是最贵的！"这句话一点不假，还没试用，我俩就一人买了一瓶面膜。直到现在我们仍然用这款面膜来救急，效果很神奇。这位导购的敬业精神也留在我的大脑中。

导购的品格代表品牌的品格

不是一线大牌就一定提供一线大牌的优质服务。某家一线大牌的鞋店也曾令我极度失望。我和先生到他们家店看当季新款鞋子，进店后既无招呼声，也找不到导购人员。好不容易把导购叫过来后，导购爱理不理，态度生硬。我先生问她："你们当季的新款都已经放出来了吗？"她冷漠地说："你看到的已经是我们全部的新款了，难道你觉得还不够多吗？"她一副不耐烦又教育人的样子，的确让我对这个一线品牌大失所望。我理解一线品牌需要距离感，需要拉开与普通大众的距离，但是客人进店后的尊贵感与重视感也是绝对不能丢的。我相信，这位店员绝对代表不了这家世界级品牌的门店服务水准。但是，她的形象让我对这家店无比失望，我也不想再踏进半步。毕竟，顾客进店在购物的过程中还渴望接受尊贵的服务，商品价值只是一部分而已。我想，老板招到这样的导购还真是倒霉了。你想呀，做了几百年的品牌，打了那么多广告，请了那么多的明星，做了无数的宣传，结果顾客一进店发现，你想买，导购不想卖！活生生把顾客给气走了。最倒霉的不是顾客，而是投资这家店的老品牌和百年创下来的基业。

同样是一线品牌，旁边那家女包店的服务态度就完全诠释了品牌的精神：生动、活泼、主动、积极，进店招呼声热切、进店后导购专业知识丰富，尊重顾客。我已经在他们店买过多个包，其原因不光是品牌所致，导购也起到了重要的作用。所以，我坚定地认为导购的品格就是品牌的品格，并直接代表了品牌的形象。

三、用故事传播品牌价值，从导购做起

如何将品牌的故事发扬光大呢？通过品牌赢得更多的忠实顾客，导购在销售过程中可以从以下五个方面做起。

在销售过程中讲品牌过去、现在和未来的故事

阿里巴巴的创始人马云是一位卓越的企业家，同样是一位优秀的演说者。他在参加许多演讲时，其内容总会提到他在创业时期的艰辛以及现在的企业故事，以及未来的战略发展。致使有许多人在使用他们公司的服务时都带着一份对马云本人的信任与支持。不得不说，他是一位优秀的品牌宣传者。作为导购，我们要记得在销售过程中为顾客讲述品牌的发展史、品牌精彩的现在和辉煌的未来。如果导购不了解自己的品牌历史，对品牌的过去、现在、未来一无所知，做销售时也是没有生命力的。所以说卖产

品之前先要爱产品，你都不了解它又如何说得上爱？这如同，一位女孩已经结婚了，你问她："老公是做什么的？""老公有什么喜好呢？""你老公性格如何呀。"她的回答是："不知道，我不了解。"导购工作一天，就要和品牌相知、相识、相守，熟悉它，珍爱它，并带着一份深情去推荐它。

小丽在国内某品牌箱包专卖店里已经做了四年，她很忠爱自己的品牌，也忠爱自己的店面，她一直将公司视为自己发展的平台，将专卖店看做是自己发挥特长的舞台。在给顾客推荐产品时，她总是在适当的时候加入对品牌的解读。下面是某日我在专卖店里听到她与一位初次进店的顾客的一段对话。

顾客："你们的品牌我以前没听说过。"

小丽："对不起，都是我们做得不好，让您没有了解到我们的品牌。姐姐既然进店了，我给您介绍一下我们的品牌吧。我们的公司是1981年创立的，到现在已经有30多年的历史了。我们的品牌是发展在美丽的彩云之南，云南大理古城。我们老板当时是一位年轻的小伙，在创业之初，他和他的太太，以及几位艺术家好友经常在云南各地采风、摄影、照相，最初他们只是原创一些包包和服装来装扮自己，后来有许多人看到他们的包和服饰很有特色和艺术气息，就主动来向他们购买。30年来，我们品牌在全国有近500多家店。包括现在，我们老板、老板太太，以及我们的设计师团队还长期在云南各地民间进行素材收集。您看，墙上那张照片就是我们老板今年去云南玉龙雪山下的一个很偏僻的村落和当地的一位年近90多岁的老奶奶照的相，您仔细看老奶奶的脖子上的那串银制的项链，那是用纳西族图腾制作的项链，象征着吉祥、如意、健康。在纳西族文化中。这些文字和图案是很有寓意和神奇魅力的。您可以看到，在今年我们的女式手包和服装上都有这样的吉祥寓意的图腾。本季这些货品在我们店销售得非常好。"

顾客："不错，很有民族特色。"

导购："是的，女士，民族的就是世界的。我们的品牌未来的10年规划就是要将云南的传统艺术通过我们产品推向世界，让世界了解我们中国文化的博大精深。我们今年在澳大利亚的悉尼就已经有两家店了。"

顾客："不错，小妹妹，你们的品牌和你一样，很有文化呢。"

导购："我为这个品牌工作四年了，我非常喜欢我们的品牌和我们的产品。我感觉我们每一件产品都不是商品，而是艺术品。"

顾客："小妹妹，你在专卖店待这么久是因为销售好、待遇好吧？"

导购："其实，我更欣赏的是我们公司的文化，我们品牌强调艺术，虽然我不是艺术家，但我小从喜欢艺术的东西。我们品牌还强调诚信与传统。我们对每一位顾客的承诺都是实事求是的，我们也讲究传统文化的传承。今年中秋节公司还给每一位员工的父母写了一封信，还送了慰问金，并祝父母节日快乐。这样的公司和工作，我们要好好珍惜呀。"

顾客："不错，不错，小姑娘。公司有你这样的员工，一定会有大发展。相信你们公司肯定会发展得更辉煌的。"

导购："谢谢您的鼓励，还希望您多多关注我们的品牌。"

顾客："我们公司经常带外宾旅游，到时候，我推荐他们来看看你们的店。希望他们能够喜欢。"

导购："太感谢了，我代表我们品牌和纳西族人向您表示感谢。"

当时见店里那位顾客顿时兴高采烈，仿佛他俨然已经成为了中国云南纳西传统文化的代言人。当然，最棒的就是这位导购。你真的可以从她的一言一行中体会出她对品牌的忠诚、喜爱、尊敬。她尽职尽责，无时无刻不在传播着品牌的魅力与故事。

各位导购，我们对自己的品牌了解多少呢？我总结了十个问题，请各位导购回答，如果回答不上来，说明你对自己的品牌了解还不深刻。

•你的品牌产地是哪里？有什么样的文化背景？是什么原因创造了这个品牌？

•你的品牌创建于哪一年？有多少年的历史？

•你的品牌创始人是谁？

•你的品牌创始人创立品牌的使命是什么？

•你的品牌的远景是什么？

•你的品牌的价值观是什么？

•你的品牌有哪些重要的事件？

•你的品牌最大的特色是什么？

•你的品牌的消费者定位是什么？

•你的品牌创始人有什么样的动人故事？

请将上述十个问题整理成故事。我相信，当你把这十个问题认真整理出来的时候，你至少多了十个可以触动顾客心灵的故事。

在销售过程中讲述品牌的使命与价值观的故事

企业使命是指一家企业存在于社会上的理由是什么，它到底在为谁服务？就如同一家鞋子制造商，他的使命是创造出一双好鞋，让穿上的人显得更时尚、更美丽，穿着感觉更舒适。

迪士尼乐园从1955年创办至今，就从来没有改变过他的使命——"迪士尼带给你的将是全部美好的回忆。"在世界各地的迪士尼乐园里，他们的表演人员、服务人员，甚至是清洁工，每一个人都在尽力扮演好自己的角色，努力实现着公司和自己的使命。我曾经和太太在2008年去过东京的迪士尼，到现在我们回想起来，仍然觉得充满着无数的欢笑与惊喜。其中有一个小小的细节至今在我的脑海中挥之不去，感动着我。

那时我们坐在探险的小火车上，小火车经过一段高空时，我发现一个小细节，在小火车下面，有一位小猪装扮的工作人员正在打扫清洁，他听到火车的轰鸣声，就立即抬起头来，冲着火车驶过的地方边笑边挥手。虽然听不到他说话，语言也不通，但仿佛听见他在说："祝你们玩得愉快。"最有趣的是"那只小猪"挥手的姿势，很童真，很可爱，眼神中充满着真挚与热情。太太当时被这只胖乎乎小猪感动得热泪盈眶的。我询问导游后发现，其实他的岗位仅是一名普通的清洁工，可这位不平凡的清洁工却给我留下了既敬业又欢乐的印象。

这仅仅是一个小细节而已，你在迪士尼乐园里看到的都是若干个美妙亮点的组合。那只"可爱的小猪"已经完全履行了他的使命：带给客户快乐的回忆，我也完全相信他在工作中是幸福的、快乐的、有成就感的！

作为导购我们明白自己职业的价值是什么吗？我们清楚工作除赚钱以外的价值是什么吗？有的导购会说，工作不就是养家糊口吗？事实上工作的价值远非如此。

一位心理学家为了了解人们对工作认识的个体差异，来到一个正在建筑中的大教堂工地，对现场忙碌的建筑工人进行访问。问第一个工人在做什么，工人没好气地回答："在做什么？你没看到吗？我正在用这个重得要命的铁锤，来敲碎这些该死的石头。而这些石头又特别硬，害得我的手酸麻，这真不是人干的工作。"问第二位工人："请问您在做什么？"第二位工人无奈地答道："为了每天50元美元的工资，若不是为了一家人的温饱，谁愿意干这份敲石头的粗活？"问第三位工人："请问您在做什么？"第三位工人眼中闪烁着喜悦："我正在参与兴建这座雄伟华丽的大教堂。落成之后，这里可以容纳许多人来做礼拜。虽然敲石头的工作并不轻松，但当我想到将来有无数的人来到这儿，在这里接受上帝的爱，心中就会激动不已，也就不感到劳累了。"

我们该用什么样的语言来赞美第三位工人呢？在他身上看不到丝毫抱怨的影子，他是具有高度责任感和创造力的人，他充分享受着工作的乐趣和荣誉。同时，也因为努力工作，工作也带给了他足够的尊严，和实现自我的满足感。他真正体味到了工作的乐趣、生命的意义。他才是最优秀的员工，才是社会最需要的人。

如果我们认为工作只是承担责任，那工作该有多么的辛苦，甚至是痛苦！

如果我们把工作视为使命、快乐的事情、自己人生的舞台，工作就是幸福的，生活就是天堂。所以职业带给我们的是：生存保障的来源、自尊的重要体现、实现理想的渠道、职业成就感的源泉、享受幸福的人生的重要基础。

> 顾客要给先生买保暖衣，选了几款也没法决定。导购张敏莉对顾客说："女士，刚才听您说，先生冬天是要去北方出差。他在那边主要在户外还是室内呢？"
>
> 顾客："主要在室内开会，在户外的时候很少。"
>
> 导购："那我建议您不要买里面是发热面料的，因为这款主要适合户外穿着。我们店许多北方的客户主要活动区域在室内，都是穿轻

薄面料的。北方家中都有暖气，平均气温二十五六度。您先生如果在室内，穿这个加强型的就太热了，他肯定受不了的。"

顾客："你真会为顾客着想，发热面料的保暖要贵得多呢。你不推荐贵的，只推荐顾客适合的。"

导购："女士，我们婵之云内衣连锁店的价值观就是让顾客选择到自己满意和适合的产品，而不是推荐我们觉得盈利的产品。我们相信，只有我们主动为顾客考虑，顾客才能成为我们的忠诚顾客。"

顾客："不错哟，现在有的商家唯利是图，你们为顾客考虑是英明的。"

导购："女士，我们婵之云的导购每隔一段时间都要参加公司的培训。我上个月才在总部上海参加了公司组织的全国专业导购培训。我们公司花重金特别邀请了专业讲师来培训我们。培训时，公司和讲师都特别强调，要做一名对顾客负责任的导购。培训讲师特别告诉我们：导购的工作价值是为顾客创造感动与服务，我们卖的不仅是产品，更多的是对顾客的服务。只有我们站在顾客的角度去想问题了，顾客才会回报我们永久的信任。这句话，我印象很深刻！"

顾客："不错，不错，你们是一家很优秀的公司。我就按你说的，给我先生买轻薄的，我买两套，他换着穿。你们坚持朝这条路走下去，公司一定会有更好的发展。"

导购："谢谢您对我们的信任。"

这位导购在销售过程中不忘宣传公司的使命、价值观，使顾客认同了导购、认同了产品，不仅创造了今天的价值，更创造了明天的利润，而更重要的是建立了永恒的信任。

在销售过程中讲述品牌设计师的故事

H&M是家喻户晓的瑞典快销时尚品牌，它以最新的时尚理念、最快的时尚速度、最潮的时尚品味成为国际上数一数二的服饰品牌。每每去H&M时，永远都有很多拿着购物袋海淘的男男女女。而H&M店内的导购事实上并不多，为什么他们的服饰永远不愁销呢？除了他们低廉的价格以外，还有一个极其重要的原因是他们的产品开发与设计模式：从2004年开始的每一个年头里，H&M都和世界级的顶级设计师合作。可以试想一件衣服在香奈尔店里买到人民币两万多，而在H&M里的设计师同款则在200元左右。

2004年首任与H&M合作的时尚设计师中的伟大人物卡尔·拉格斐，是Chanel的艺术总监，他招牌式的形象永远是佩戴着墨镜，手拿抓扇、脑后拖着辫子。他被时尚界称为"时装界的凯撒大帝"、"老佛爷"。卡尔·拉格斐和H&M合作的新品上市当天，很多顾客从早晨6点便开始排队，不过两天，全部售罄！这充分证明了设计师的魅力。H&M还合作过的设计师包括川久保玲、浪凡、范思哲等，几乎每年每季都吸引了设计师的倾慕者与铁杆粉丝。如果在销售过程中我们能对设计师进行演绎，讲述设计师的故事，定会获得有共同审美观、生活观的顾客的认同。

云露是香港设计师服饰品牌店的店员，她对本店的设计师品牌的时尚理念解读得相当的到位。

顾客："感觉你们的服装很独特，可以说是很大胆，适合在舞台上穿着吧。"

导购云露："我们的品牌是香港的设计师品牌，品牌集中了香港当地的主要知名设计师，他们组建而成设计师团队为品牌定制服饰。我们的服装做工讲究，您可以看一下我们当季的这件大衣，它加上了金属丝线、闪片或钉珠等闪亮元素，以表现闪烁奢华的一面。其中一些设计使女士上班或晚宴都可穿着，任何时候都能表现闪耀独特的个性。在香港本土有许多名媛、阔太太钟情于我们品牌。特别要说明一下，我们今春系列的设计师 MAX 是许多香港知名艺人的御用设计师，他们出席晚宴、颁奖晚会都会指定 MAX 设计行头。拥有一件由 MAX 亲自设计的服饰是许多名媛的梦想。"

  顾客："他的设计风格主要是什么样呢？"

  导购云露："MAX 本人的性格很随性，喜欢行走于世界各地，同时他的骨子里也很中意奢华的风格。他喜欢把顾客幻想成站在舞台中的焦点，把顾客扮演成出众的演员，所以他的晚礼奢华系列是最引人注目的，备受名人喜爱。我觉得您的气质非常适合我们品牌的定位和我们设计师的风格。您大气、尊贵又不失时尚，完全可以试试我们当季的新装。"

  顾客："你介绍得很好，我想试一下那件大衣，有适合我的型号吗？"

  导购云露："好的，请稍等，我给你准备一下 VIP 的试衣间。"

  云露熟悉自己所销售的品牌风格与品牌定位，并对设计师进行了演绎，使顾客对品牌产生了兴趣与认同，提高了试衣率，也加强了品牌的推荐。这是她做得非常到位的地方。

  请导购们整理一下，自己的品牌与设计相关的内容。

  你清晰自己品牌的设计风格吗？

  你了解自己品牌的设计师吗？

  你了解品牌的顾客群定位吗？

在销售过程中讲品牌公益的故事

农夫山泉的广告各位都记得吧:"每喝一瓶水,都给水源地的贫困孩子捐助了一分钱。农夫山泉,饮水思源。"在超市里选择矿泉水时,可选择面太广了,可当想起这则广告时,手就情不自禁地握住了农夫山泉。因为我们知道每喝一瓶水就有一分钱捐赠给了助学公益基金。这则广告唤起了无数善良人的行动。一些品牌为了推动社会责任,为了赢得更好的社会口碑,做了不少社会公益事业,对于社会、品牌、企业、顾客来说都是很好的事情。作为导购来说,要尽到推行公益,宣传品牌的作用。

> 顾客:"现在的女鞋品牌这么多,款式也很雷同,真还不好选。"
>
> 导购春天:"女士,我们品牌从去年就开始实施'每购一双鞋子,即为孤儿送上一件毛衣的活动'。到目前为止,我们品牌的顾客已经为十万名孤儿送上了过冬的毛衣,使他们感觉到了人间的温暖与社会的爱心。其中许多孤儿还写信给我们公司,感谢叔叔、阿姨们的爱心。您也挺喜欢这双鞋的,在这里买和其他地方买最大的差别就是我们会为您给孤儿们送上一份爱心,也是帮您行善积德的好事。"
>
> 顾客:"是呀,好人有好报。"
>
> 导购春天:"我代表我们品牌和孤儿们感谢您的善举。"
>
> 顾客:"哪里,你们品牌才做得多呢,我们只是举手之劳。"

导购在销售时将公司的公益活动与销售相结合,促进了顾客的销售。

在销售过程中讲品牌代言人的故事

现在品牌都流行邀请代言人来宣传品牌,通常请一些明星等。代言人的形象代表了品牌的定位与档次。许多顾客有从众心理,因为明星的使用而使用。而我们在销售产品时要把代言人的价值发挥到极致。

导购:"姐姐,我们奥维丝丽的代言人是著名主持人、演员ＸＸ女士。您看她产后恢复身材非常快,因为她使用了我们奥维丝丽的塑身系列,她本人在今年为我们公司拍产品广告时就爱上了这款产品,指定要把这款用于产后修身。您看她现在的身材恢复得多好。"

顾客:"那我先试一下。"

导购将公司品牌的代言人故事与产品关联起来,强化顾客的从众心理,发挥明星效应的作用。

延伸阅读

编辑的话 | 亲爱的读者，感谢您选择了这本书。如果没有您，这凝聚了作者与编辑心血的作品，就太寂寞了。

《顶尖导购这样做》

顾客难缠？只因为我们做得不够！
30个顶尖导购手把手教你终端销售绝招

热情、会说话的导购为什么还遭到顾客冷漠以对？要想成为顶尖导购，不能光会说，还必须会做。导购只有做对了，才能消除阻碍成交的潜在因素，不仅能轻松落下成交的一锤，还能把难缠的顾客变成朋友，让投诉的顾客满意而归，让新顾客成为忠实的老顾客。

本书是顶尖导购的实战档案，值得所有导购反复翻阅并潜心修炼。

作者：王同　　定价：29.80元　　ISBN: 978-7-301-18367-0

《导购这样说才对（第2版）》

门店销售人员的枕边书、必备书
全新升级，技巧更实用、话术更有效

本书提供的方法易学、易查、易用，有效解决终端销售最头疼的50个难题！让导购和门店销售业绩突飞猛进！

著名终端销售讲师王建四结合多年调研、培训的实战经验，告诉你如何调动顾客情绪，如何赢取顾客的信任，如何为购买施加压力，如何化解危机。《导购这样说才对》第1版连续加印23次，作者根据读者的反馈以及在培训中发现的新问题对原书进行了修订，内容更精炼实用，更符合门店导购工作的实际情况。

作者：王建四　　定价：35.00元　　ISBN: 978-7-301-20503-7

《让顾客心动的导购术》

十年销售终端调研，数万导购受益的话术模板
让你谈笑间搞定顾客

顾客为什么会在你的柜台前驻足？怎么讲产品顾客才会喜欢听？什么时候催单顾客不反感？……

井越老师挖掘优秀导购员的成功因素，结合产品和市场特点，挖掘出打动顾客的各个细节，总结成即学即用的话术模板，打动顾客的利器！

这套话术已经让无数的导购从中受益，你会是下一个吗？

作者：井越　　定价：29.00元　　ISBN: 978-7-301-19740-0

《别卖衣服，卖美感》

你卖的不是服装，而是行人对顾客关注的目光

一种全新的服装销售方式

有效提升客单价和连带成交率

这是国内第一本讲美感销售法的服装销售培训图书，从服饰美感搭配销售、顾客消费心理等角度入手，教导购更有针对性、更加专业化地应对销售中的各种问题，帮助导购成长为值得顾客信任的"形象顾问"。作者是国内最早从事服饰搭配销售的培训师，传授了8大类美感销售法，好学易用，能让店面利润发生翻天覆地的变化。

作者：贾小艺　　定价：32.00元　　ISBN：978-7-301-18189-8

《服装应该这样卖》（升级版）

服装销售第一书

当当网、卓越网同类图书销量第一

升级版全面更新，更丰富、更准确、更适合店面培训

服装销售的88个情境，88种应对妙策，即学即用的服装店员培训手册。

本书中的方法与技巧都是经过服饰门店实战运用并被证明行之有效的，对极需提升自身能力但又异常忙碌的销售人员来说，每天只需花上几分钟，就能轻松掌握服装销售秘诀，给店铺的业绩带来翻天覆地的变化！

作者：王建四　　定价：32.00元　　ISBN：978-7-301-16522-5

《服装旺店的秘密》

首度披露服装老江湖的商战心得

同行永远都不会告诉你的经营诀窍

本书专为全国数百万服装店主而写，专注于解决几乎每个服装店主都会碰到的难题。

作者经过十多年的摸爬滚打，花了100多万的学费，终于发现服装赚钱的诀窍。这些诀窍中也包含了几千位服装店主多年的经营心得，给出的办法和建议一针见血，非常实用。对任何一个服装人来说，能够得到这样的经验，都弥足珍贵。阅读本书有助于广大服装店主改变微利甚至无利的生存状态。

作者：服装探秘　　定价：32.00元　　ISBN：978-7-301-10734-8

更多好书，尽在掌握

大宗购买、咨询各地图书销售点等事宜，请拨打销售服务热线：010-82894445

媒体合作、电子出版、咨询作者培训等事宜，请拨打市场服务热线：010-82893505

推荐稿件、投稿，请拨打策划服务热线：010-82893507，82894830

欲了解新书信息、第一时间参与图书评论，请登录网站：www.sdgh.com.cn